预算绩效管理理论研究与案例解读

靳光玫　陈　原　著

吉林大学出版社

·长春·

图书在版编目（CIP）数据

预算绩效管理理论研究与案例解读／靳光玫，陈原
著． -- 长春：吉林大学出版社，2021.1
ISBN 978-7-5692-8051-7

Ⅰ．①预… Ⅱ．①靳… ②陈… Ⅲ．①财政预算-经
济绩效-财政管理-研究 Ⅳ．①F810.3

中国版本图书馆 CIP 数据核字（2021）第 028847 号

书 名 预算绩效管理理论研究与案例解读
YUSUAN JIXIAO GUANLI LILUN YANJIU YU ANLI JIEDU

作 者 靳光玫 陈 原 著
策划编辑 李伟华
责任编辑 李伟华
责任校对 张维波
装帧设计 王 艳
出版发行 吉林大学出版社
社 址 长春市人民大街 4059 号
邮政编码 130021
发行电话 0431-89580028/29/21
网 址 http：//www.jlup.com.cn
电子邮箱 jdcbs@jlu.edu.cn
印 刷 三美印刷科技（济南）有限公司
开 本 787mm×1092mm 1/16
印 张 11.25
字 数 215 千字
版 次 2022 年 1 月 第 1 版
印 次 2022 年 1 月 第 1 次
书 号 ISBN 978-7-5692-8051-7
定 价 48.00 元

前言 □□□

绩效管理围绕预算绩效目标，跟踪所有政府性资金的预算编制与预算执行，是政府绩效管理的重要组成部分，同时也是财政实现科学化、精细化管理的要求。党的十九大提出，"要加快建立现代财政制度，建立权责清晰、财力协调、区域均衡的中央和地方财政关系。建立全面规范透明、标准科学、约束有力的预算制度，全面实施绩效管理。"可见，绩效管理在财政领域有着非常重要的地位。

一个国家的治理能力不仅体现着一个国家的制度建设能力，而且还体现着这个国家的制度执行能力。而在国家治理体系中，财政扮演着非常重要的角色，它既是国家治理的基石，又是国家治理的强大支柱。尽管世界各国在政治体制以及管理环境上存在显著的差异，但是，这并不影响各国在推进公共预算改革上的一致性，尤其是现阶段，世界各国经济发展不容乐观，为了稳定国内经济局势，缓解财政领域的矛盾，公共预算改革早已经成为世界各国改革餐桌上的"座上宾"。中国经济虽然面临下行的压力，但是从全球范围来看，尤其是全球都在应对新冠病毒带来的艰难考验时，其依然保持增长态势。尽管如此，我们还是应该清醒地看待中国经济，我国制造业 PMI、非制造业 PMI、综合 PMI 都较以往有明显的下降，这三项数据的大幅下跌不仅冲击了中国经济，而且影响了人民的生活与社会秩序。

作为全球产业链和供应链中的重要组成部分，中国在疫情期间扮演的角色更加重要，中国经济已经成为带动世界经济发展的重要引擎。在这个艰难的时刻，财政危机很难有效避免，但经济环境越复杂，我们越需要采取一切必要手段进行改革，使预算绩效管理更加精细化，这样才能将有限的公共财力效用发挥到最大，用更加科学的方法提高资金的使用效率与效益。中国政府要以这次经济"劫难"为契机，转变预算绩效管理观念，不能只将预算绩效管理看作是对支出效率进行有效评估的工具，而是要在这一特殊时期，使其成为国家财政回暖的助推剂，成为有效维持社会经济稳定的催化剂。从这个层面上来讲，预算绩效管理改革是必要的，它能为解决中国预算绩效管理一直以来存在的结构性矛盾提供方案，同时，在各方的共同努力下，预算绩效管理能成为政府推进治理能力现代化的重要机制。

鉴于当前中国经济发展的需要，作者在总结前人优秀研究成果以及自身丰富教学经验的基础上，对预算绩效管理理论问题进行了探究，并且解读了相关案例。本书以预算绩效管理理论为基础，在结合理论与实践的基础上，运用对比研究、实证研究等方法，对中国预算绩效管理进行了论述，总结了中国预算绩效管理的成就，揭示了中国预算绩效管理存在的问题，发现有些政策并没有得到很好的施行。因此，作者从整体与局部的角度指出了中国预算绩效管理改革的路径，并展望了中国预算绩效管理的未来。本书内容多样，重点突出，着重论述了高校预算绩效管理问题，在揭示高校预算绩效管理现状的前提下，提出了高校预算管理优化策略。

作者希望本书能给预算绩效管理工作者以参考，能为当前中国经济的发展贡献绵薄之力。不过，由于时间仓促以及作者水平有限，书中有些观点并未深入，且可能还存在不当之处，恳请各位专家批评指正。

目 录 □□□

第一章 预算绩效管理概述

在全面预算管理中，预算绩效管理发挥着至关重要的作用。同时，预算绩效管理还关系着现代化财政体系的建设。了解预算绩效管理的内涵、要素、特征、系统构建等对预算绩效管理的改革和创新具有十分重要的意义。本章主要从预算绩效管理的内涵入手，探讨了预算绩效管理的必要性，同时还分析了预算绩效管理系统的组建，为预算绩效管理的实例分析提供了理论指导。

第一节 预算绩效管理的内涵解读

一、预算绩效管理相关概念解读

（一）预算

要想了解预算绩效管理的内涵，首先就应该理解预算的内涵。预算，简言之就是财政资金收入和支出的计划①。这一收支计划必须经过立法机构的审批，同时，政府及相关部门还应该以当前的公共政策为依据，遵循一定的原则和程序。预算的目的就是为了更好地实现绩效目标。从本质上而言，预算在绩效管理中主要是为了平衡各种利益关系，从而体现公共价值。另外，预算通常情况下是对财政资金的收入和财政资金的支出进行预算。实践证明，预算在具体实施过程中，体现出了自己的独有的特点，即政策性、公共性、法定性等。

预算的出现，标志着现代财政管理的迅速发展。预算自身具有很多功能，即财政资金分配功能、行政管理功能等，这些功能在现代财政管理中起着不可替代的作用。同时，政府在履行职责的过程中也离不开预算，预算作为财力保

---

① 柳迪. 预算绩效管理基础知识（上）［M］. 兰州：甘肃文化出版社，2018：6.

障受到政府的广泛关注。另外，预算为政府调节经济发展和社会发展提供了理论依据。

（二）绩效

在了解预算内涵的基础上，下面对绩效的内涵进行简要分析。关于绩效并没有一个统一的定义，对最为代表性的观点进行分析如下。

1. 结果绩效观

结果绩效观，顾名思义就是认为绩效是工作的结果。支持结果绩效观的学者有伯娜丁（Bernadin）和凯恩（Kane）。首先，来看一下伯娜丁对绩效的理解。他认为，绩效就是工作结果，同时指出顾客满意度、战略目标等与绩效密切相关，都在一定程度上影响着工作结果①。凯恩也针对绩效提出了自己的观点，他认为，绩效就是从事工作的人留下的东西，这种东西是客观存在的。②

另外，还需要指出的是，绩效涉及概念十分广泛，例如目的、生产量、关键结构领域等，这些都是绩效研究的相关概念，也是影响工作结果的重要因素。③

2. 行为绩效观

行为绩效观，顾名思义就是认为绩效是行为的过程，而这种行为与产生的结果密切相关。认同行为绩效观的代表学者主要有墨菲（Murphy）、延森（Jensen）、博曼（Borman）、穆托韦德（Motowidlo）等。

墨菲和延森同时认为，绩效就是一种行为，这种行为与工作人员的组织、组织单元目标有着很大的联系。④

博曼和穆托韦德也支持行为绩效观。为了支持行为绩效观，两人共同提出了二维模型，即任务绩效模型和关系绩效模式。任务绩效主要阐述的是所规定的行为，而关系绩效主要强调的是一种自发行为。⑤

3. 行为与结果统一的绩效观

行为与结果统一的绩效观主要将行为绩效观和结果绩效观有机结合。无论

---

① 朱丽献. 高校科研绩效考核与激励问题研究 ［M］. 长春：东北大学出版社，2016：58.

② J. S. Kane. The Conceptualisation and Representation of Total Performance Effectiveness ［J］. *Human Resource Management Review*，1996，6（2）.

③ 仲理峰，时勘. 绩效管理的几个基本问题 ［J］. 南开管理评论，2002（3）.

④ K. J. Murphy, M. Jensen. Performance pay and top-management incentives ［J］. *Journal of Political Economy*，1990（8）.

⑤ W. C. Borman, S. J. Motowidlo. Expanding the Criterion Domain to Include Elements of Contextual Performance ［A］. In N. Schitt&W. Borman（Eds）. *Personnel Selection in Organizations* ［C］. New York：Jossey-Bass，1993：71-98.

是行为绩效观还是结果绩效观都存在着一定的不足。结果绩效观强调绩效是一种工作结果，由于工作结果的产生受很多因素的影响，同时这些因素是十分复杂的，所以容易对结果判断错误。另外，如果只注重工作的结果，就会严重影响绩效目标，也会给绩效管理造成很大的困难。而行为绩效观强调绩效是结果的行为过程，过于重视过程，很有可能使绩效研究出现本末倒置的现象，同时如果没有结果或结论，只有过程也是毫无意义的。

因此，行为与结果统一的绩效观弥补了行为绩效观和结果绩效观的不足，也是当前对绩效定义的比较完整的解释，这一观点也得到很多学者的认同。布琼布拉（Brumbrach）就是行为与结果统一绩效观的重要代表学者。他认为，绩效是行为与结果的有机统一。① 在实践中，往往需要根据绩效测量的对象，有所侧重地选取行为测量和结果测量。比如对于事务性工作者和基层员工，需要偏重测量行为，即工作任务的完成。对于高层管理者，需要偏重对结果的测量，即高层管理者实现预定绩效目标的程度。

总之，预算绩效就是预算全过程活动的行为和结果，包括预算投入、过程、产出和效果等环节。这一定义与我们的实践是吻合的，比如：在填报绩效目标申报表时，要填报产出和效果目标和指标；在进行绩效监控时，要采集预算执行和绩效目标实现过程指标；在进行绩效评价时，要对预算支出的投入、过程、产出和效果进行评价。

（三）预算绩效

预算绩效就是将绩效融入预算，它是中华人民共和国财政部结合当前的财政管理水平提出来的，具有中国特色。

预算绩效是指预算资金所达到的产出和结果，强调政府预算支出与所获得的有效公共服务的对比关系。它主要从两个方面来反映：一是产出，反映主观的努力情况，即是否按期实现了预先设定的目标，主要任务是否完成，做了哪些工作；二是结果，反映政府预算活动带来的客观后果和影响，即完成任务的效率、资金使用的效益、预算支出的节约等②。

预算绩效是在现阶段财政管理方式下引入的一种新型预算机制，将绩效理念和方法逐步渗入预算管理的各个阶段，以取代传统的预算管理模式，待时机成熟时将政策予以制度化，成为一种利益相关方遵守的正式规则。

---

① G. B. Brumbach. Some Ideas, Issues and Predictions about Informance Management ［J］. *Pubic Personnel Management*, 1988, 17（4）.

② 董宏波. 预算绩效管理与绩效预算［J］. 山西财税，2013（8）.

预算绩效是指通过对资金的绩效管理来衡量资金投入和产出结果，以此作为政府绩效的一种表现方式，它本质上所反映的是各级政府各部门的工作绩效，绩效信息在预算资源分配中发挥的作用是辅助性的。

（四）预算绩效管理

2011 年 7 月，财政部发布《关于推进预算绩效管理的指导意见》（财预〔2011〕416 号），明确指出："预算绩效管理是政府绩效管理的重要组成部分，是一种以支出结果为导向的预算管理模式。它强化政府预算为民服务的理念，强调预算支出的责任和效率，要求在预算编制、执行、监督的全过程中更加关注预算资金的产出和结果，要求政府部门不断改进服务水平和质量，花尽量少的资金、办尽量多的实事，向社会公众提供更多、更好的公共产品和公共服务，使政府行为更加务实、高效。推进预算绩效管理，有利于提升预算管理水平、增强单位支出责任、提高公共服务质量、优化公共资源配置、节约公共支出成本。这是深入贯彻落实科学发展观的必然要求，是深化行政体制改革的重要举措，也是财政科学化、精细化管理的重要内容，对于加快经济发展方式的转变和和谐社会的构建，促进高效、责任、透明政府的建设具有重大的政治、经济和社会意义。"①

从上述表述可以发现，预算绩效管理包含以下内涵。

第一，将预算绩效管理看作一种预算的理念。从这一层面而言，预算绩效管理注重效率意识，将绩效置于十分重要的位置，同时注重支出责任意识和产出意识，通过多种方法提高资金的使用率。同时，预算绩效管理也注重公共产品和服务，并从质量和数量方面来统一提高。

第二，将预算绩效管理看作一种技术工具。预算绩效管理注重预算管理、绩效管理的改进和完善。在这一过程中，预算绩效管理不仅吸收了绩效管理各种策略，还将技术融到具体的预算管理中，从而充分发挥技术方法在绩效管理中的重要作用。

第三，将预算绩效管理看作一种全过程机制，且这种过程机制是完善的。预算绩效管理对预算过程管理十分重视，并在结果导向的基础上实施管理。同时，预算绩效管理把预算管理看作一个管理闭环，并将与预算相关的编制、执行、监督等融入这一预算闭环中，从而保证管理的全面性。另外，预算绩效管理也积极采用了各种方法进行机制改革和控制，从而保证闭环中每个环节的连

---

① 中国财政年鉴编辑委员会. 中国财政年鉴（2017 年）［M］. 北京：中国财政杂志社，2017：64.

续性，实现环节与环节之间的连接，最终实现对预算的全过程管理。

第四，预算绩效管理是一种创新的预算管理模式，在本质上仍是预算管理，服务、服从于预算管理，是对现有预算管理模式的改革和完善，并不是与预算管理相割裂、相并行的一个单独体系，而是利用绩效管理理念、绩效管理方法等对现有预算管理模式的创新与提升，是一个有机融合、全面衔接的全新预算管理模式，旨在强调资金使用效益，增强预算支出效率，实现资源的优化配置，提高财政管理水平。①

二、预算绩效管理的基本要素与特征

（一）预算绩效管理的基本要素

预算绩效管理涉及要素很多。单从管理流程方面而言，预算绩效管理涉及的要素不仅包括绩效目标管理、跟踪管理、评价管理，还包括评价结果反馈与应用等相关方面的管理。要想使预算绩效管理取得良好的效果，就应该注重绩效理念的融入，从而保证在预算绩效管理中有绩效理念的支持，有预算目标的指导，还有跟踪监督、评价、反馈与应用，进而使预算绩效管理效率更高、效果更好。

预算绩效管理并不是一个简单的过程，其过程涉及很多的内容，下面主要从五个阶段来对这一管理过程进行系统论述。

一是要确立施政目标，这个目标是预期实现的目标，是由政府来确立的。同时，在确立完目标之后，应该将这个施政目标进一步细化，即分成部门绩效目标与具体工作计划。绩效目标涉及很多的要素，主要包括预期产出与预期应该达到的效果；为了实现预期目标所要进行的活动，即预算的安排情况；还包括衡量产出、效果、服务对象满意度的绩效指标和按照正常情况能够达到的标准。项目绩效目标也可从投入、产出、效果、影响力这四个维度来设定。同时，可以根据往年类似项目的历史数据和行业标准，测算绩效指标的目标值，最终形成预算单位的绩效目标表。

二是为实现各部门的绩效目标和工作计划，要合理配置资源，也就是根据评定的绩效目标安排财政预算。

三是每个部门都有每个部门的工作计划，各个部门在开展工作计划时主要以绩效目标为依据。同时，绩效目标的具体完成情况也是各部门应该关注的。

---

① 马海涛，曹堂哲，王红梅. 预算绩效管理理论与实践［M］. 北京：中国财政经济出版社，2020：13.

这些都是绩效运行不可缺少的监控环节。另外，还需要指出的是，绩效运行监控是为了保障预算能够按照绩效目标正常执行的关键环节。目前主要包括执行进度监控与绩效目标监控两个要素。预算执行进度主要监控资金支出进度与计划相符程度。绩效目标监控则将总体绩效目标与预算管理流程结合起来，结合资金支出进度衡量绩效目标完成程度，以此衡量总体支出是否能实现预期目标。

四是绩效目标的最终完成情况是需要评价方进行评价的。在评价过程中，评价方应该以确立的标准与方法为依据进行评价，待评价结束之后，应该将具体的评价结果公布于众。

五是根据评价的结果对施政目标做出恰当的调整，在调整目标的基础上结合评价结果对下一年的预算目标进行制定。

(二) 预算绩效管理的特征

1. 预算绩效管理是一种参与的、民主的、自我控制的管理方式

绩效目标在绩效管理中占据着重要的地位。我们可以将绩效目标理解为政府与预算单位之前的双向承诺。因此，财政与预算单位要了解预算绩效管理的管理方式，不仅要重视项目绩效目标定位，还要重视支出绩效目标定位，与此同时更要重视管理方式的参与性、民主性和自我控制性特点，满足目标定位要求。

2. 预算绩效管理要与中期财政规划、跨年度预算平衡机制相匹配

中期支出框架是与政府战略管理相适应的财政管理方式，具有全局性、长远性等特点。同时，根据政府相关部门针对经济发展制定的各种政策，结合历年来有关预算支出的数据以及相关的标准和规范，可以为绩效目标设定一个相对合理的区间。这就体现了预算绩效管理的另外一个特征——中期财政规划、跨年度预算平衡机制与预算绩效管理之间并不是孤立的，而是存在相互匹配关系的。

3. 预算绩效管理是一种问责机制，是部门提升管理能力的学习过程，不是惩罚性措施

绩效预算和绩效管理是战略规划工具，不仅能帮助政策制定者监管政策执行过程和政策目标的实现情况，还能帮助部门提高自身的管理能力和水平。如果违法违规，有关部门和负责人员理应受到处罚。但很多绩效的问题，并不是法规上的失误，而是资源分配时的优先序选择或没有充分考虑外部环境的不确定因素等造成的。因此，预算绩效管理的目标是提高组织学习能力，是从激励的角度出发的，因此可以说，预算绩效管理并不是一种惩罚性措施。

三、预算绩效管理与传统预算管理模式的区别

预算绩效管理与传统预算管理模式的区别主要体现在其重视结果、重视效率与问责相结合上。从管理模式上看，预算绩效管理是导入绩效理念的预算管理模式。作为一种对预算管理的改革，这一理念最早在美国的公共管理改革，即 1949 年开展的绩效预算改革中被实践，它强调政府部门预算以各部门所要完成的目标、所需履行的职能为基础，预算必须以可衡量的绩效为依据。美国经历了从绩效预算到新绩效预算的改革，核心理念是要求预算以结果为导向，必须以体现政府活动效果的绩效信息为基础编制预算，追求将预算资金编制决策与部门绩效结合起来。我国目前实施的预算绩效管理与绩效预算有所区别，预算绩效管理更强调管理模式上的突破，而并不完全追求预算与绩效绝对挂钩。

预算绩效管理在公共价值目标与预算决策的转换中发挥着不可替代的作用。同时，预算绩效管理是将预算决策融入预算编制过程中，并通过预算执行与完成实现公共价值目标的过程。其中，在预算编制环节，政府识别并选择公共价值，将公共价值转化为政府目标，并通过规划落实为部门目标，并在此基础上将部门目标转化为项目目标。在预算绩效管理过程中，预算管理、绩效管理、绩效目标设计管理都是十分重要的，尤其是绩效目标设计的过程在预算绩效管理中起着十分关键的作用。这一环节的质量决定了预算是否能真正符合公共需求，将公共价值转化为政府施政目标，并在此基础上进一步细分，细分成部门目标。可见，绩效目标管理在整个预算绩效管理中起着关键的作用。预算部门根据部门职能与部门所面向的社会公共需要确定预算支出预期的产出和效果，并将其细化为绩效目标与绩效指标。

传统预算管理过程中，绩效目标所占的比重很小，政府部门编制预算以投入控制为主，先确定部门可分配的资金总量，依据可获得的资金量确定部门预算。没有明确的绩效目标，预算编制不以预期取得的产出和效果为基础，预算的公共目标便难以真正实现。

从某种意义上说，传统预算管理是重投入轻产出的，预算支出主要以投入多少钱为核心，并不关注为什么要花这些钱，更谈不上花了这些钱是否满足了社会共同需要，是否实现了公共价值。预算绩效管理则以结果为导向，强调预算编制，必须以实现公共价值为目标，基于明确的绩效目标确定预算。也就是说，必须明确公共价值的实现需要花这笔钱，才能在预算决策中将这笔钱纳入预算。

第二节　预算绩效管理的必要性

一、预算绩效管理是建立现代财政制度的组成部分

预算绩效管理是财政管理中比较常见的一种形式，也是财政制度研究的范畴。预算绩效管理不仅涉及预算管理，还涉及绩效管理。因此，在具体的管理中，预算绩效管理对相关管理人员提出了一定的要求，即具有绩效意识、责任感，注重财政资金的分配与管理，最终从传统的关注财政资金的规范性转向关注财政收支的有效性。

（一）现代财政制度的内涵

党的十九大报告强调，要"加快建立现代财政制度，建立权责清晰、财力协调、区域均衡的中央和地方财政关系。建立全面规范透明、标准科学、约束有力的预算制度，全面实施绩效管理。深化税收制度改革，健全地方税体系。"①

现代财政制度不仅是一个十分重要的概念，还是一个十分复杂的概念。目前，现代财政制度并没有一个统一的、明确的概念。无论是发展中国家还是发达国家，都必须意识到财政的重要性。可以说，财政在国家治理中发挥着不可替代的作用。只有在财政的支持下，国家治理才能顺利进行。因此，要想实现国家治理体系的现代化，就必须注重财政与财政体制建设。更为重要的是，财政的管理与财税体系的建设都离不开现代财政制度的建设和指导。综上所述，可以将现代财政制度涉及的一系列关系总结如下：建立现代财政制度→形成科学有效的财税体制→形成强大而坚实的财政管理→推进国家治理体系和治理能力现代化②。

现代财政制度的内容主要包括三个方面：推进预算管理制度改革、完善税收制度改革、规范政府间财政关系。

---

① 叶学平.新时代中国现代化经济体系建设［M］.武汉：武汉大学出版社，2018：170.
② 高培勇.论国家治理现代化框架下的财政基础理论建设［J］.中国社会科学，2014（12）.

（二）预算绩效管理与现代财政制度的关系揭示

1. 重视绩效是预算改革中的重要内容

纵观世界各国政府绩效改革的背景，大多是在经济不景气、财政困难的背景下倒逼政府进行的，而我国虽然也面临一些问题，但应该说只是给绩效改革添了把火，而不是直接诱因。因为在我国预算改革的探索与实践中，很早就将触角探及预算绩效管理，并将其放在预算改革的大棋盘中。

党的十九大提出"全面实施绩效管理"，到 2018 年 9 月发布的《全面实施预算绩效管理的意见》（以下简称《意见》）又将其聚焦于预算绩效管理，并将"全面"具体化为"全方位、全过程、全覆盖"，给出了具体的改革路线图、时间表。应该说，这是将预算绩效问题纳入推进国家治理体系和治理能力现代化，建立现代财政制度以及预算改革整体框架之中的，而不是权宜之计。

2. 预算绩效改革推进现代财政制度建设

预算绩效是与支出紧密相关的概念，实践中，预算的绩效管理内容实际上涉及财政"资金往哪儿流""流向怎么定""钱怎么花"三个主要问题，这些方面的改革推进都与国家及财政治理现代化息息相关。

财政资金应往哪儿配置？这里涉及预算分配和管理的理念、政府与市场的关系等问题。为此，应树立预算分配的绩效理念。预算分配的绩效理念是建立在公共服务与公共责任，社会效益与公众满意度等理论以及由此带来的社会绩效文化基础上的，这一理念的树立与纳税人意识的提高以及社会民主化程度紧密相关。我国正在完善这一改革进程，因此，在全社会形成一种稳定的公共资金绩效价值观是实施预算绩效管理乃至政府绩效管理的终极目标。

此外，还应做好政府与市场关系的处理。在决定财政资金流向时，从绩效角度出发去考察资金配置目的及目标，厘清政府与市场关系，做到市场做不了的事政府"雪中送炭"，市场可以做的事政府不再"锦上添花"。在当前，做好这一点也有利于合理引导社会预期，真正发挥好公共财政的"兜底"作用。

在资金配置机制应如何构建方面，则涉及决策机制及分配机制的改变。主要包括：一是涉及财政资金决策机制的改变；二是涉及预算分配机制的改变。①

总体来看，预算绩效管理的有效实施，具有十分重要的意义。政府在预算绩效管理的影响下，可以履行自身的职能，提高政府行政效率，增强政府执行力。可以说，预算绩效管理为各级政府充分发挥自身职能、履行各自义务提供

---

① 李燕. 国家治理现代化视角下的全面预算绩效管理改革 [J]. 中国财政, 2019 (7).

了重要保障。同时,预算绩效管理的有效实施,在很大程度上促进了现代财政制度的实施,推动了国家的治理进程。另外,预算绩效管理的有效实施在很大程度上提高了民众的满意程度,确保全体人民在共建共享中获得感稳步提高。因此,预算绩效管理在现代财政制度建设中起着关键的作用。政府及相关部门应该加强预算管理和绩效管理,避免两者管理中的对立、分割现象,充分发挥绩效管理与财政管理的作用。同时,根据预算绩效的实际情况,制定科学的管理目标,构建绩效、预算管理的各种指标体系。另外,为了保证预算绩效管理的有效实施,还应该建立激励机制和约束机制,从而在这一机制中更好地发展预算绩效管理。

二、预算绩效管理是国家治理现代化的重要支撑

预算绩效管理的有效实施,对于国家而言,是一次重大的改革。在推行这一管理的过程中,目前的预算编制方式会发生一定的变化。同时,在预算绩效管理的影响下,国家治理也会在很多方面发生变化,例如治理制度、治理对策、治理理念、治理手段等都要发生改变。

另外,还需要特别强调的一点是,预算绩效管理与国家治理现代化并不是孤立存在的,而是相互影响、相辅相成的,两者之间存在着内部统一的关系。国家治理的现代化变革无论是在理念、制度、方法、对策等方面都有利于预算绩效管理的实施和应用,同样的,预算绩效管理的有效实施也是国家治理现代化的重要保障。可以说,预算绩效管理与国家治理现代化在很多方面实现了双赢。

(一) 预算绩效管理与国家治理价值的共通性

单从价值层面而言,预算绩效管理与国家治理存在着共通性特点。国家治理具有自己独有特点,例如治理的合法性、公平性、透明性、有效性、责任性。预算绩效管理在很多方面也都体现了政府治理的基本价值,例如,绩效目标管理、信息公开、绩效运行监控管理监督问责等。

首先,预算绩效管理应该确立绩效目标,这样才有利于申请预算,开展事前绩效评估和事后绩效评价,确保预算资源配置能够最大化地满足公共服务需求,这不仅仅是一种预算技术,更体现了政府治理合法性和回应性的基本要求。

其次,预算绩效管理是建立在《预算法》等法律法规要求基础上的,体现了政府治理法治化的要求。

再次,预算绩效管理重视绩效目标系统、评估系统、评估结构运用系统的构建，并采取多种措施将信息公布于众，从而完成管理的闭环系统建设。另外，公众也可以参与其中。预算绩效管理上述内容的实施体现了国家治理的责任性与透明性，这也是价值共通性的集中体现。

最后，预算绩效管理注重指标目标的制定。在具体目标制定的过程中，预算绩效管理通常会考虑效益、效率等。预算绩效管理制定绩效指标时的操作同国家治理现代化的有效性不谋而合。

（二）预算绩效管理与国家治理过程的伴生性

预算绩效管理是一种在预算管理全过程中讲求绩效的预算管理模式，预算本质上反映宏观政策、政府职能和政府活动范围，预算管理规范政府管理，预算绩效是政府绩效的核心指标之一，真实反映各级政府各部门各单位的工作绩效。预算绩效管理与国家治理的诸多方面都具有伴生性。

首先，预算绩效管理在政策制定过程中起着关键的作用。也可以说，在政策制定过程中始终伴随着预算绩效管理。具体而言，预算绩效管理注重预算过程也注重政策过程，并注重两者的有效结合。为了实现政策目标，预算绩效管理重视资金利用，并将在配置资金的过程中结合政策目标。同时，预算绩效管理为了落实国家战略，满足国家政策的要求，采用多样化手段对国家战略进行转化，例如通过对战略进行分解、对支出进行审查的方式来实现国家战略的转化，这样也有利于绩效目标的有效实施。

其次，预算绩效管理是国家治理主体发挥作用的舞台。许多国家治理行动者都关注部门预算绩效管理。党委政府、人大、审计、社会等国家治理的行动者都在各自职责范围内推动预算绩效管理。

最后，预算绩效管理作为国家治理的重要工具，对国家治理现代化具有十分重要的意义。国家治理现代化有着自身独有的特点——分权化治理。而预算绩效管理并没有将总额控制与预算分权隔离开来，而是将两者结合起来。实际上，这种结合有利于实现组织形态的去行政化。总之，预算绩效管理已成为支撑分权化改革的重要工具。

预算绩效管理通过预算与绩效管理的一体化，在预算全过程中融入绩效的理念和方法，促进了预算的透明度和可问责性，提高了政府的执行力和公信力，有助于推进国家治理体系和能力现代化。[①]

---

① 曹堂哲，施青军.绩效预算与现代政府治理的共生性与协同性分析——兼论我国预算管理改革的发展路径与方向 [J].广东行政学院学报，2017（6）.

三、预算绩效管理是构建和谐社会的必然选择

构建和谐社会，就必须坚持发展社会主义民主，完善民主权利保障制度，巩固人民当家作主的政治地位。具体到财政制度方面，就应该是构建一种价值机制，同时这种价值能够体现公共产品或公共产品服务的需求。另外，为了保证政府能够提供符合公众需求的公共产品服务，可以采取民族监督的方式。

政府预算制度本质上是一项保障民主权利的制度安排。预算能集中反映政府的各项经济活动，能帮助社会公众清晰地了解政府过去的情况、当前的状态和未来的计划。

按照构建和谐社会的要求，财政支出的绩效就是实现好、维护好、发展好最广大人民的根本利益。政府加强预算绩效管理，就是要将执政为民的理念贯彻在预算管理工作的始终，科学合理地配置资源并提高利用率。可以说，预算绩效管理的有效实施，在很大程度上调动了人民民主参与的热情，为人民民主预算权利提供了法律保障。同时，加强预算绩效管理提高了财政管理的透明度，也保障了公民的知情权，使公民能够参与其中。另外，预算绩效管理的有效实施，促进了预算运行机制的民主化和高效化。因此，可以说，预算绩效管理是构建和谐社会的必然选择。

（一）预算管理的绩效目标为公共利益的表达和协调提供了平台

预算管理以实现绩效为目标或以预算产出的结果为导向，实质是以公共利益为导向，体现了以人为本的重要思想和基本要求，与执政为民理念的要求一致，反映了构建社会主义和谐社会的根本价值取向。预算管理中的绩效目标管理体系，以绩效指标和绩效标准的方式，对民生需求和社会发展状况进行了相对精确、详细的刻画，建立了一个公共产品和服务的数量、质量和效果的量化表达方式，提供了一个政府与公众之间交流沟通的平台。当公众通过一定的政治程序，参与到绩效目标的设定中时，其就能更加直接、清晰地表达对公共产品和服务的需求，而政府也能通过这样的一个互动，争取公众对政府工作的理解和支持。同时，公众的个体需求往往差异较大，对同一个项目的评价也会有明显的不同。针对公众的多元需求，政府可以设置不同的绩效指标来平衡。对于个体对某种需求的数量差异问题，则可以通过设置指标的不同权重来协调。

简言之，预算绩效管理以绩效目标为载体，让公众利益得到更加全面的表达，并得到有效的平衡和科学协调，让各方在预算制定上达成共识。

（二）基于绩效的预算编制，推进了预算决策的科学化、民主化

预算编制的绩效依据，是绩效目标或者是上年绩效评价的结果。在拟订预算的绩效目标或开展支出绩效评价的过程中，需要进行广泛的数据搜集和认真的数据分析。对于重大的财政专业性项目的绩效，还需要组织专家对其进行评审。对涉及人民群众切身利益项目的绩效，还需要通过多渠道和形式广泛听取公众意见。绩效目标和评价结果的形成过程实际上也是将公众和专家等主体的意见逐步引入预算编制的过程。

在实践中，有些地方人大开始要求本级政府在提交预算报告时提交绩效报告，并依据绩效报告来审议政府预算报告。一些地方政府在城乡社区中积极尝试参与式预算，让广大人民群众直接参与预算的决策，并取得了一定成效。借助于绩效这个交流平台和控制手段，参与式预算将得到进一步的推广和运用，这有利于探索发展基层直接民主，提升社会自治功能。

以绩效为依据编制的预算目标不仅可以提高预算的科学化、民主化水平，还可以最大限度地提高财政资源的配置效率。但从国内外的实践来看，预算的政治性阻碍了这一目标的实现，实现传统预算向预算绩效管理完整转变的过程是漫长的，绩效对预算决策的影响是有限的。然而，随着预算绩效管理体系的建立和完善，绩效理念将日益深入人心，也会逐步影响和改变政府、公众的思维方式和行为模式，绩效对预算决策的影响也会逐步扩大，预算决策也会更加科学化、民主化。

（三）支出绩效的评价结果，强化了社会公众对政府行为的控制

在政府与公众之间，政府处于天然的信息优势地位，信息的不对称增加了公众控制政府行为的难度。从投入、生产、产出三个环节来看，投入控制最为简单，但由于其存在生产过程的效率问题，着重控制政府投入的方向并不等于能让政府生产出令公众满意的公共产品和服务。与产出控制相比，生产控制最为琐碎和复杂，存在严重的信息不对称问题，控制难度最大。因此，产出控制成为最直接、最有效的方式，以控制最后的结果来倒逼政府调整投入方向，提高生产效率。

支出绩效的评价结果有利于解决产出环节中的信息不对称问题，帮助公众进一步强化对政府行为的控制。因此，要不断提高预算的透明度，让人们能更有效地监督和制约政府行为，保证政府行为与决策能够真正为人民负责。但目前公开的内容主要是从财政投入的角度来说明财政资金的使用方向和内容的，较少涉及财政产出的结果和效果。

随着支出绩效评价体系的不断健全和完善，预算信息公开范围将进一步扩大，公众不仅会知道资金投到了哪里，而且还会知道资金投出去的效率情况，这为更有效地监督政府行为奠定了基础。同时，预算信息的进一步公开和相关政策的宣传，有助于培养全社会的公民意识和民主政治观念，提升公众对政治活动的参与程度，进一步推动社会主义民主政治建设。

第三节　预算绩效管理系统组建

一、预算绩效管理行动者

（一）核心部门：党委政府与财政部门

1. 党委政府

只有加强党委政府对预算绩效管理的领导，才能确保预算绩效管理工作沿着正确的方向前进，才能确保预算绩效管理工作的权威性和执行力。

《中共中央国务院关于全面实施预算绩效管理的意见》明确要求："要坚持党对全面实施预算绩效管理工作的领导，充分发挥党组织的领导作用，增强把方向、谋大局、定政策、促改革的能力和定力"。各级党委政府在预算绩效管理工作中要发挥好统筹指导、监督检查和奖惩激励的作用。

2. 财政部门

财政部门除了开展部门自身的预算绩效管理以外，还需要做好组织协调工作，发挥推动预算绩效管理工作的发动机和方向盘作用。财政部门在推动预算绩效管理工作中的主要职责包括4个方面：（1）建章立制；（2）开展财政全过程预算绩效管理；（3）组织协调；（4）监督问责。

（二）直线部门：预算部门

我国实施的部门预算制度决定了预算部门是实施预算绩效管理的重要主体，预算部门要在预算管理全过程中融入绩效管理理念和方法，提升部门预算资金的配置效率和使用效益。

预算部门在部门绩效管理中发挥着至关重要的作用。部门和单位的主要职责是负责本单位、本部门的预算绩效管理。同样的，项目预算绩效管理是由项目相关部门的责任人来负责的。另外，需要指出的是，为了保证预算绩效管理的有效性、科学性，绩效终身责任制在预算绩效管理中也是比较常见的一种制度。

预算部门需要在以下几个方面承担起部门预算绩效管理的主体责任：（1）制定具体实施方案；（2）开展部门全过程预算绩效管理；（3）实现部门预算绩效管理全覆盖；（4）理顺内部工作机制。

（三）监督部门：人大和审计部门

1. 人大

人大部门的主要作用就是预算审查监督。在这一过程中，内容涉及十分广泛，具体包括以下内容。

第一，财政转移支付绩效的审查监督；

第二，支出预算总量；

第三，政府收支的绩效审查；

第四，支出与投资的重大项目。

2. 审计

绩效审计是指国家审计机关对政府部门及其所属单位的财力、人力、物力和时间资源使用的经济性、效率性和效果性进行的审计。所谓经济性，是指以最低费用取得一定质量的资源，即支出是否节约，主要审查和评价政府投入的各种资源是否得到经济合理的利用；效率性，是指以一定的投入取得最大的产出或以最小的投入取得一定的产出，即支出是否讲究效率；效果性，是指在多大程度上达到政策目标、经营目标和其他预期结果。[①]

审计机关开展绩效审计的主要职责包括：（1）开展重大政策落实的绩效审计；（2）公共资金运行绩效；（3）专项资金绩效；（4）国有资产运营绩效；（5）预算绩效管理工作情况审计。

（四）支撑部门：第三方专业机构和社会参与

社会参与的主要形式是第三方参与全过程预算绩效管理。第三方是指向委托方提供预算绩效管理工作相关服务的法人或其他组织，主要包括会计师事务所、资产评估机构、政府研究机构、高等院校、科研院所、社会咨询机构及其他评价组织等。另外，专家和公众也可以根据相关规定参与到预算绩效管理的全过程中。

在预算绩效管理工作中，委托方可将绩效目标论证评审、绩效跟踪、绩效

[①] 朱锦余. 审计（第5版）[M]. 大连：东北财经大学出版社，2017：279.

评价等业务全部委托或部分委托第三方机构承担。

第三方机构参与全过程预算绩效管理的一般程序包括入围遴选、签订委托协议、开展工作、验收等环节。

第三方机构在开展全过程预算绩效管理的基本步骤包括委托受理、方案设计、实施评价、撰写报告、提交审核等环节。

二、预算绩效管理的范围

(一)覆盖所有财政资金

按照《预算法》的规定，我国预算包括一般公共预算、政府性基金预算、国有资本经营预算、社会保险基金预算。

1. 一般公共预算绩效管理

《预算法》规定，一般公共预算是对以税收为主体的财政收入，用于安排保障和改善民生、推动经济社会发展、维护国家安全、维持国家机构正常运转等方面的收支预算。

一般公共预算绩效管理涉及的内容十分广泛，这里主要从收入和支出两个方面来对其进行分析。从收入的角度而言，一般公共预算绩效管理应该将重点放在收入的基本结构、相关方面的优惠政策以及在优惠政策指导下的实施效果等方面。从支出的角度而言，一般公共预算绩效管理应该将重点放在资金配置、预算资金的使用效益等方面。同时，还应该关注一些重大项目在具体实施中的效果。另外，从支出层面讲，一般公共预算绩效管理也要注重区域发展的均衡性。

2. 政府性基金预算绩效管理

政府性基金预算应当根据基金项目收入情况和实际支出需要，按基金项目编制，做到以收定支。

政府性基金预算绩效在具体的管理中，也应该有侧重点。例如，基金政策设立的延续依据、具体的使用效果等都是政府性基金预算绩效管理应该重视的问题。另外，地方政府除了关注上述重点外，还要将重点放在专项债务上，认真考虑自己对其的支撑能力。

3. 国有资本经营预算绩效管理

国有资本经营预算应当按照收支平衡的原则编制，不列赤字，并安排资金调入一般公共预算。

4. 社会保险基金预算绩效管理

社会保险基金预算是指对社会保险缴款、一般公共预算安排和其他方式筹集的资金，专项用于社会保险的收支预算。社会保险基金预算应当按照统筹层次和社会保险项目分别编制，做到收支平衡。

社会保险基金预算绩效管理重点关注各类社会保险基金收支政策效果、基金管理、精算平衡、地区结构、运行风险等情况。

（二）覆盖所有主体

1. 各级政府

预算绩效管理应该包括各级政府的收支预算。这就要求各级政府在收支预算方面要注重质量、统筹兼顾、实事求是，从而使收支预算符合当前经济的发展。

2. 预算部门和单位

预算绩效管理也应该包括预算部门和单位的预算收支。这就要求部门和单位在行使管理自主权时应注重预算收支管理。

3. 政策和项目

在绩效管理中，政策和项目也是重要的内容。要对政策和项目的数量、时效、成本、质量、效益等方面进行核算。比较重大的项目需要进行实时跟踪，例如，有的项目周期会超过一年，这样的项目就需要进行整个周期的监控，在项目实施的过程中，建立动态的评价机制，在项目完成后，对于绩效较低的政策就需要在下一次项目中剔除。

三、预算绩效管理的过程系统

预算绩效管理是以"预算"为对象开展的绩效管理，也就是将绩效管理理念和绩效管理方法贯穿于预算编制、执行、决算等预算管理全过程，并实现与预算管理有机融合的预算管理模式。

（一）预算编制环节

预算编制阶段的预算绩效管理主要包括事前绩效评估和绩效目标管理。

事前绩效评估在项目立项之前进行，是项目立项和审批的前置程序。

在绩效目标中，需要将预算资金的产出反映出来，同时也将对其效果做出一定的预判，这都需要反映在绩效中并对其进行量化。总的来说，绩效目标的管理包含三个方面的环节，第一个环节是设定绩效目标，第二个环节是审核绩效目标，第三个环节是批复绩效目标。

(二) 预算执行环节

预算执行环节的绩效管理是非常重要的环节，在这个阶段中重要的工作是对绩效的运行实施良好的监控。无论是哪个部门，在进行绩效运行监控时都要坚持"谁支出谁负责"的原则。绩效目标是在合理的核算之后制定出来的，需要实行"双监控"的策略，一方面对绩效目标的实现程度进行监控，另一方面对项目的预算执行情况进行监控。在监控时，工作人员一定要及时地发现问题，并予以解决，从而使绩效目标更好地实现。

(三) 决算与财务报告环节

决算与财务报告环节开展的绩效管理活动主要是绩效评价和绩效报告。

预算绩效评价在这个环节十分重要，通常情况下，预算绩效评价有三种方式，其一是部门单位自评，其二是财务部门的评价，其三是第三方评价。当预算执行结束之后，就需要国家监察委员会对每个单位的绩效目标进行核算，对整个项目的参与方进行绩效自评，然后生成一个自评报告交给财务部门。在财务部门中，对每个项目进行预算核算时，也需要对部门自身的工作进行评价，从而保证财务的公正、公平、公开、透明。在每个部门进行绩效评价时，为了提高评价的公正性和公平性，还可以将第三方评价机构引入进来。

评价结果要按照格式要求编写完成绩效报告，绩效报告按照程序向财政部门、政府和人大等相关主体报告，并按照相关规定公开绩效信息。

(四) 预算绩效反馈和预算监督环节的绩效管理

1. 预算反馈

预算绩效反馈意味着将预算编制、执行和决算等环节的绩效信息反馈给相关主体，实现绩效结果运用。

2. 预算监督

预算监督作为预算管理的控制系统，对预算编制、执行和决算各个环节都产生影响。

绩效信息公开既是推动预算绩效的手段，也是对预算绩效进行监督的重要形式。

除此之外，各级党委政府、纪委监委、人民群众都为预算绩效管理提供了强有力的监督。

四、预算绩效管理的支撑系统

(一) 文化支撑

预算绩效文化是人们对预算过程中引入绩效的基本认知、价值取向和态度。

从投入、过程导向转为结果导向是预算绩效管理文化的基本特征，是预算绩效文化的重大变迁，涉及公务员行政习惯的改变和行政能力的更新。结果导向意味着在编制预算时就要清晰阐明申请预算资金所要实现的产出和效果，这要求行政人员更具备前瞻性和预见性，更需要以一种中长期的观点来筹划未来的政策和资源分配，需要促使行政文化和行政习惯从"先要钱再找事"转化为"以事定费"。

(二) 制度支撑

推动预算绩效管理工作，必须有法可依，有矩可循，通过建立完善的制度体系，有助于预算绩效管理的复制、推广和深化。预算绩效管理制度可以划分为以下几个层级。

一是法律法规层面。法律法规层面的制度具有根本性，是预算绩效管理的依据和保障。

二是政策规定层面。各级党委政府出台的推进预算绩效管理的政策，是开展预算绩效管理的基本遵循。

三是办法措施层面。包括以下内容：第一，对预算管理的主要环节来实施，包括一些绩效的目标、过程、结果、评价等方面；第二，将专家咨询制度纳入进来，同时还要增加一些第三方机构的核算；第三，关于预算绩效的标准方面，需要建立一个完善的体系；第四，建立评估评价方法体系。

(三) 信息支撑

绩效信息是预算绩效管理的血液，贯穿于绩效管理的全过程，如何利用好绩效信息是绩效管理的关键。绩效信息与预算分配紧密相关；绩效信息与信息公开相关；绩效信息为预算管理模式的转变提供了基础。

近年来，云计算、移动互联网和大数据等现代信息技术飞速发展，其不仅对已有的财政信息系统带来了挑战，也为预算绩效系统的融入提供了机遇。在新信息技术平台上，加强顶层设计，统一规划，统一标准，将预算绩效管理全流程融入财政管理系统，实现"以数据为中心"的财政信息化，是未来的发展方向。

(四) 配套支撑

涉及预算绩效管理的主要配套制度包括以下 5 个方面。

1. 中期财政规划

一是中期财政规划有助于绩效目标管理。

二是中期财政规划为事前绩效评估提供了前提基础。

三是中期财政规划为全覆盖预算绩效管理提供了基础。

2. 政府收支分类

政府收支分类体系由"收入分类""支出功能分类""支出经济分类"三部分构成。

规范政府收支分类体系,有助于将全部收支纳入预算绩效管理,为不同政府、部门(单位)、支出类型之间的比较提供统一标准和口径,有助于对绩效管理和绩效信息进行深入分析。

一是政府收支分类为绩效目标的归类提供了框架。

二是政府收支分类为开展政府宏观层面的绩效分析提供了基础。

三是政府收支分类有助于提高绩效公开的标准化程度。

3. 项目支出标准

在项目支出中,有必要制定一个定额标准,这是为了对预算进行合理的管理。在制定这个标准时,通常根据经济发展水平、项目耗资水平、项目工作内容等来确定。

一是项目支出标准与成本信息直接相关。

二是项目支出标准为开展全成本预算绩效管理提供了参照。

三是项目支出标准是实现预算与绩效管理一体化的纽带。

4. 国库现金管理

国库现金管理是在确保国库资金安全完整和财政支出需要的前提下,对国库现金进行有效的运作管理,实现国库闲置现金余额最小化、投资收益最大化等一系列财政资金管理活动。

国库现金管理不仅为提高资金使用效率提供了有效支撑,也有利于预算绩效管理推进。

一是国库单一账户体系为政府预算绩效管理提供了数据支撑。

二是国库现金管理与债务管理紧密结合,有助于开展政府层面的预算绩效管理。

三是国库现金管理的库底目标余额制度影响资金使用效益。

5. 权责发生制政府综合财务报告

我国实行的财政制度是以收付实现制作为会计核算基础的决算报告制度。该制度主要根据收付情况实现政府会计核算，可以将政府的每年收支情况进行准确核算。但是随着我国市场经济越来越繁荣，仅仅使用决算报告制度已经无法满足政府财务核算的需求，例如，政府的资产负债和成本费用无法清晰地核算出来，不利于政府将财政问题找出来，并且不利于提高政府的资产管理水平。因此，为了建立现代化的财政管理制度，我国开始了全面的政府会计改革，建立了权责发生制政府综合财务报告制度，该制度可以更好地核算政府财务状况。

与收付实现制相比，权责发生制为政府绩效评价提供了有效的信息基础。权责发生制计量的重点是经济资源及其变化，可以记录政府拥有和运营资产的经常性成本，揭示特定政府行为的所有成本，为政府绩效的经济性和效率性评价提供了支撑。

总之，权责发生制政府综合财务报告制度为绩效信息的核算和披露提供基本规范，有助于财务信息与绩效信息的对接融合，有助于成本分摊和核算，有助于实现绩效信息与政府财务报告的有机衔接，推进权责发生制政府综合财务报为预算绩效管理的开展奠定了会计和财务基础。

第二章 预算绩效管理基础理论

开展对预算绩效管理的相关研究，首先应该从预算绩效管理的基础理论入手，了解支撑预算绩效管理的理论依据，从而为更深层次的研究奠定基础。本章将重点介绍公共选择理论、新公共管理理论、委托代理理论以及内部人控制理论。

第一节 公共选择理论

一、公共选择理论的产生

公共选择理论指的是 20 世纪 20 年代中期出现的一种思想，其中在这方面取得比较大成绩的是英国经济学家邓肯·布莱克（Duncan Black），他也被称为"公共选择理论之父"[①]，邓肯·布莱克在研究公共选择理论时发表了《论集体决策原理》，在这篇文章中指出，参与投票的人如果都能选择一个单峰值的偏好，那么在计算时就可以产生平均值，这个平均值代表大部分的喜好，也就是说中间投票人的意见代表了大部分人的意见，那么投票的公共物品或议案就会通过。[②]

在公共选择理论领域做出杰出贡献的詹姆斯·布坎南（J. M. Buchanan）于 1986 年获得了诺贝尔经济学奖。诺贝尔经济学奖给予他的颁奖词是：他将

---

① 孙翠香．"利益博弈"中的变革力量 学校变革动力研究［M］．天津：南开大学出版社，2014：110.

② 金冰洁．我国政府购买公共服务的运行机制及创新路径研究［M］．北京：北京理工大学出版社，2017：11.

人们在经济领域的互相交换形成一个理论从而作用于政治决策。① 詹姆斯·布坎南提出的理论是对传统公共选择理论的创新，他将该理论的使用范围扩大到政治领域，可以帮助政府寻找财政预算赤字的真正原因。

公共选择理论在经济领域和政治领域的使用可以解决很多以往无法解决的问题，而且它的出现可以为我国的政府和市场关系研究带来一定的创新。公共选择理论在西方国家产生，但是它的出现并不是偶然的，是由西方国家的政治环境和经济结构衍生出来的。第二次世界大战之后，西方国家对经济的支配更加严苛，市场管理更加严格，虽然政府提供了很多资金支持，但是市场的萧条也是显而易见的。在政府越来越强的干预制度下，市场经济发展缓慢。在此背景下，布坎南等人对政治和经济研究之后，提出了公共选择理论，该理论指出了政府在经济方面的失灵，从而试图寻找解决这个问题的办法。

公共选择被定义为对非市场管理的经济学研究。它把经济学的分析方法和研究工具用于研究集体的或非市场的政治管理过程中。它以经济学的"经济人"假设作为前提，依据自由的交易能使交易双方都获利的经济学原理，分析公众的公共选择，揭示政府管理行为，探究公共选择与政府管理行为之间的关系。

公共选择理论具有两个方面的内涵：第一，集体性，个人的决策是不适用于这个理论的，只要是人聚集的地方就可以使用这个理论进行集体决策；第二，规则性，这是为了将大部分人的偏好集合起来，从而反映大部分人的意愿，集体中的表决也是为了满足大部分人的需求，因此，这个理论具有一定的规则性。公共选择理论的使用范围是十分广泛的，例如，教育、国防、分配、环境等方面。

公共选择理论研究政治是从经济学的方向来展开的，将政府作为供方，消费者则是人民群众，政府向大众提供公共服务。② 在政治和经济领域，所有的人都是独立的个体，个体的行为对经济和政治的影响都是统一的，如果一个人在经济领域不能大方的话，那么在政治领域也无法做到大公无私。正是因为公共选择理论是基于经济人的角度，那么该理论在作用于政府时，也不是将政府作为一个集体来看，而是分化成一个个经济人。人与人之间、人与组织之间、组织与组织之间存在直接或间接的利益联系，因此为了实现最大的利益，公共选择理论倾向于实现大多数人的利益，从而实现平衡发展。

公共选择理论将政府作为一个经济实体，在探究一个经济实体的运行模式

---

① 王彩波，王庆华. 政府经济学［M］. 北京：首都经济贸易大学出版社，2009：172.

② 刘立峰. 政府投资理论与政策［M］. 太原：山西经济出版社，2011.：98.

时，会发现其运行有可能成功，也有可能失败，这是很正常的，那么政府存在失职也是不可避免的。在传统的政治学中，通过对政治家和官僚的研究认为，他们会为了实现公众的利益而工作，那么出现一些小的失误也是不可避免的，政府可以在发现问题之后自行纠正。但是在公共管理理论中，在政府管理的初始，为了降低出现管理不善的概率，就要尽量完善政府的管理过程，对政府工作人员实行严厉的监督，从而使政府工作者更加严格地约束自己。

在公共选择理论看来，政府与社会之间的关系问题是其研究的重点内容。政府并不是唯一提供公共服务的组织，因此，为了给大众提供更好的服务，公共选择理论认为可以将私营企业、慈善组织等机构纳入进来，从而打破官僚体制的垄断性。当公共服务组织数量和类型更多之后，人们可以根据自己的需求自由选择公共服务组织，这样就可以实现不同组织之间的公平竞争，从而实现权力的分割。

公共选择理论旨在提高提供公共服务的机构或组织的工作效率，如果让市场自由发展，那么市场没有一定的规则往往就会走向不公平的地步，因而需要政府的干预。但是不得不说明的是，政府并不能解决市场体制中的一切问题，有时市场中的一些问题也是政府无法干预的。因此，在政府与市场的关系中，政府可以在一定程度上对经济进行干预，但是反过来市场也会对政府有一定的作用，市场的缺陷可能使政府决策发生偏差。为了提高政府工作的效率，需要从两个方面着手，一方面需要提高为了实现公众利益的工作者的思想觉悟，另一方面需要改革政府管理的规则。

二、公共选择理论的内容

公共选择理论支持的是公众的利益，因此在做出选择时，一般通过集体选择的方式实现。集体选择指的是参与选择的人通过一定的规则确定集体认可的行动方案的过程。[①] 对于政府中集体选择的问题来说，公共选择理论正是一个很好的借鉴基础。

（一）集体选择的规则

1. 一致同意规则

一致同意规则在集体选择中经常被使用。它强调的是在集体选择过程中，所有的集体成员都统一方案。一致同意规则具有自身独有的优点，即集体内成员聚集在一起表达自己对决策问题的一致观点或看法。

---

① 高志文，方玲. 微观经济学 [M]. 北京：北京理工大学出版社，2018：297.

第一，有利于集众多参与者的意见于一体。在集体选择中，有很多参与者都提出一致的建议或意见，避免了选择时伤害任何人，从而使选择更具有针对性，同时也有利于选择方案的后续实施。

第二，一致同意规则是集所有人的选择于一体，促进可行性方案的一致性。众所周知，集体选择中的成员来源广泛。可以说是不同领域、不同部门、不同岗位的个体聚集在一起，在一致同意规则的支持下，每个人都放弃了否决权。

一致同意规则的缺点：

集体是两个人以上个体的组合。在组建过程中自然会花费很长的时间。在刚组成的集体中，每个成员的相互作用效率也是比较低的，他们之间必须经过一段时间的磨合才能彼此了解、彼此适应。因此，集体内成员间相互作用所花费的时间也比单个成员单独选择花费的时间长。可见，集体选择达成一致同意时是比较耗费成本的。

2. 多数同意规则

多数同意指的是在一个集体中可以取得半数或者大多数人的同意就可以获得通过决议的规则。[①] 在这里，同意包含两个方面的意思，一是不反对，二是同意，这两种态度都可以表示同意。与一致同意规则相比，多数同意更加容易实现。

多数同意规则也有一些缺点，主要表现在以下三个方面。

第一，面对不同选择的压力。集体选择中包含很多的成员，这些成员来自不同的部门，自然对同一问题的意见也是不同的。但是，由于集体中的各种压力，再加上集体成员渴望接受的愿望，他们中有很多的观点被压制，而最终的选择呈现的只是成员对问题趋于一致的意见。

第二，忽略了少数人的意见。在集体选择中，虽然集体内成员可以对选择问题各抒己见，但是有时候最终选择的结果会由少数人控制和决定。如果这些控制选择的成员能力比较低，就很容易降低集体选择的水平。

第三，多数表决的责任无法划清。集体选择代表的是大部分人对选择趋于一致的观点，集体选择中的每个成员都有承担选择结果的责任和使命。众所周知，单个成员选择，如果选择结果有任何问题，其责任就由单个成员承担，但是集体选择就不同了，最终选择结果的承担者是全体成员，没有责任到人，这样集体成员的责任都比较低。

---

① 高志文，方玲. 微观经济学 ［M］. 北京：北京理工大学出版社，2018：298.

(二) 最优的集体选择规则

集体选择的规则都是有优缺点的，这就产生了一个问题，怎样做出最优的集体选择。西方的公共选择理论研究者提出了两个理论模型来研究这一问题。

1. 成本模型

按照成本来算，在任何一个集体选择的规则中都存在两种不同的成本。其一是选择成本，这是一种在一定的规则限制下，集体参与表决一项方案时所花费的时间和精力。在集体中，参与者在做出选择时会进行一定的讨价还价。①当一个集体中人数很多时，参与者就会进行更多的讨价还价，那么选择成本就会增加。

其二是外在成本，这是指参与集体选择的成员在做出选择时，往往会因为同意某一个选择而对少数意见不一致的人产生一定的影响，使他们造成一定的损失。因此，当参与选择的成员与大部分人的选择一致时，就不会产生外在成本；当参与选择的成员与大部分人的选择不一致时，就会带来较大的外在成本。因此可以看出，在集体选择中，意见不一致的人数较多时，就会产生较大的外在成本。

在不同的集体中，参与选择的人员所付出的选择成本和外在成本是有所差异的。例如，多数同意规则与一致同意规则相比，其中的选择成本是比较低的，因为参与者更加容易做出选择；但是外在成本就比较高了，因为有些人的选择与大多数人的选择是不一样的。在最优的集体选择规则看来，外在成本和选择成本是相互制约的一种关系，只要确定最低的成本之后，就可以理性地决定选择哪一种集体决定规则。

2. 概率模型

概率模型主要是为了寻找最优的集体选择规则，将集体选择的结果与个人的意愿偏差性降到最小。这个模型认为，在集体选择中使个人意愿与集体选择意愿最接近的规则就是最好的规则。公共选择理论研究者认为，根据上述标准，在做出集体选择时，使用集体选择中的多数规则可以避免出现较大的外在成本和选择成本。

(三) 政府官员制度的效率

在公共管理理论中，每个国家都有自己的政府官员制度。通常认为，政府官员制度指的是人们选举产生的、通过公务员考试产生的、直接被政府任命的

---

① 宋晓东. 西方经济学 微观部分 [M]. 北京：北京航空航天大学出版社，2014：260.

官员来进行政治事务管理的一种制度。但是，这种制度具有一个缺点，即效率不高，造成这种现象的原因如下。

第一，部门中缺乏有效的竞争。在一些政府部门中，很多职位都是不具替代性的，这样的部门无法被其他的机构代替，这就造成了职位的垄断性。一旦有人坐上了这样的职位，就不会有竞争了。因此，这些政府部门的工作效率往往比较低。由于没有足够的竞争者，人们就无法判断政府每年的支出是否在一个合理的水平，即是否会出现政府的服务太少，但是花销太多现象，这就影响了政府部门的工作效率。

第二，政府机构一般十分庞大。对于一些政府部门的工作人员来说，他们服务的是人民，他们不会将利润或成本的核算作为标准，因为无论是将成本控制在最小，还是将利润控制在最大，都无法将其作为自己的财产。个别政府部门的工作人员主要的目标是追求地位的不断提升，政府规模越大，他们的权力越大，也就拥有更高的地位。

第三，具有较高的成本。对于个别政府官员来说，他们提高自己的薪资，将自己的工作环境不断改善，并且使自己的工作量不断减轻，就是为了提高他们的服务成本。

在公共选择理论中，为了提高政府官员制度的效率，主要的办法是设立竞争机制。

首先，将公共服务部门的权力变得更加分散，这样可以降低有关部门一些职位的垄断性。

其次，加快公共服务的私有化。在政府主导的公共服务中，有些是政府规划和设计的，但并不一定是政府全权从头到尾的负责完成，可以将一些公共服务承包给第三方私人企业。

再次，设立政府公共部门和私人部门之间的良性竞争。当私有化制度引入公共服务中之后，政府公共部门的一些工作人员就有了危机感，可以在一定程度上提高他们的工作效率。

最后，地方政府的不同部门之间设置一些竞争机制。地方政府的权力是为地方人民服务的，但是当地方政府税收较高服务质量较低时，居民就可以选择转移到其他地方纳税，这样为了维持地方政府较高的税收，他们就会提高公共服务质量。

第二节 新公共管理理论

一、新公共管理理论的产生

20 世纪 70 年代，西方社会在政府管理中存在一些问题，例如财政赤字、服务效率低下以及信用较低等。为了改善这种情况，一些国家开始政府管理改革。在经济领域，为了使政府和市场之间保持和谐稳定的关系，一些人开展了新公共管理运动。这次运动不仅为西方国家的政府管理指明新的方向，而且也为一些发展较慢的国家带来了曙光，这也是一场规模比较大的公共管理改革运动。

社会的发展并非总是一帆风顺，尤其是在新古典经济理论崛起的背景下，加之经济全球化的愈演愈烈，信息技术革命的不断推进，西方各国政府出现了一系列难以控制的社会政治问题，如财政赤字猛增、福利负担过重等，为了缓解这些问题，改变当时的社会发展局面，西方发达国家纷纷致力于公共行政改革，这就是声噪一时的新公共管理运动。英国是这场改革运动的领头羊，在英国如火如荼地开展了新公共管理运动之后，其他各国纷纷效仿，如美国的"重塑政府"运动、德国的"苗条国家"改革，总体来说，以市场为导向的行政改革措施已经成为西方国家的共识，在新公共管理理论的指导下，一场声势浩大的行政改革运动开启了。

新公共管理运动的广泛践行是建立在坚实的理论基础之上的，其中最重要的包括经济学理论与私人部门的管理理论。经济学理论的内涵非常丰富，对新公共管理运动的理论支撑也可以分为三个方面，即公共选择理论、新制度经济学理论中的交易成本理论、委托代理理论。

在某种程度上，经济学与政治学有着相通之处，作为经济学方法之一的公共选择理论就是最好的论证，其完全可以被应用于政治学中，该理论的核心是将人假设为效用最大化的追求者，在这个背景之下，人十分关注个人利益，并且表现出极其理性的态度[①]。基于理性的支配，完善的激励系统能够对人的行动起到良好的引导作用，由此，"鼓励"和"大棒"便成为人行动的制约因

---

① 芮国强，乔耀章. 行政哲学基本问题：探索与对话 [M]. 长春：吉林人民出版社，2006：407.

素。除此之外，公私之间的界限应当被打破，虽然政府是公共服务提供的主体，但是社会也应当发挥一定的作用，提供一些力所能及的服务，久而久之，政府与社会可以形成某种竞争关系，公众也可以根据自身需求选择政府或者社会提供的公共服务。在没有引入市场机制之前，政府机构的办事效率非常低下，这主要是缺乏竞争导致的，在这种舒适圈中，政府机构自然没有动力提升效率，因此，在公共选择理论看来，政府的产出必须有市场参与。

关注交易成本的新制度经济学也是重要的经济学理论之一，该理论以科斯为代表，认为交易成本在政府机构垄断公共服务生产中起着重要作用，也可以说，正是在高昂交易成本的支撑下，政府机构垄断公共服务生产的模式才得以运行。但是，这样的情况并不利于资源的最优配置，也最终造成了政府机构效率低下。因此，公共服务的提供主体应当扩大至市场，即采用市场检验或签约外包的形式，让那些不属于政府机构的主体也成为公共服务的提供者，从而将交易成本降低。事实证明，这种签约或外包的形式可以促使政府机构产生竞争意识，在这种意识的影响下，公共服务的交易成本会比先前政府垄断模式有所降低①。

在经济关系中，委托人与代理人是一对必不可少的存在，因而委托人—代理人理论也成为经济学基础之一。在所有权与控制权分离的情况下，委托人与代理人的利益也实现了分割，由此形成的关系模式就是委托人—代理人理论所重点描述的。委托人与代理人是相对存在的，立场的相对性决定了二者获取信息的不对称，同时在目标方面也有着明显的冲突。公共领域中的委托代理问题本身就非常复杂，当委托人将问题委托给代理人处理时，代理人如何才能尽最大努力地帮助委托人实现其目标，这就需要设计合理的激励机制，增强代理人的动力，使其将委托人的利益放在首要位置。基于委托人与代理人理论，西方国家意识到了公共服务市场化转变的重要性，在政府公共部门引入市场机制成为现实，兼顾个体利益与共同利益的绩效评估与管理机制也被制定出来。

除了经济学理论，私人部门的管理理论也是新公共管理运动开展的有力支撑。作为私营部门，不像政府机构那样有着坚实的发展后盾，在全球化趋势增强以及国际竞争日益加剧的环境下，西方国家私营部门的压力不断增大，要想继续生存下去，就必须进行管理变革，从而提升自身的竞争力，推行分权制、着力提升质量、与顾客建立亲密关系等都是有效措施。私营部门在重压之下找到了发展的突破口，获得了新的生命力，这十分值得政府公共部门借鉴，绩效管理、顾客导向等一些卓有成效的管理方法随即被公共部门引入发展之中。

---

① 陶庆.新公共管理学范式［M］.上海：上海社会科学院出版社，2017：64.

二、新公共管理理论的内容

在传统观念中，私营部门与政府公共部门有着不同的管理理念，二者互不干涉，自 20 世纪 80 年代新公共管理理论提出以来，政府公共部门为了谋求更好的发展，积极借鉴私营部门的管理理论，将市场、顾客放在重要位置，进而提升绩效。现代企业管理正是在新公共管理理论的辅助下，实效性才实现了质的飞跃，也正是基于新公共管理理论，预算绩效理论才逐渐发展起来。

尽管政府与企业两个主体在性质上存在很大差别，但新公共管理理论仍然主张用企业的理念来对政府进行管理，这是因为过去的政府机构由于没有绩效考量这一项目，效率十分低下，依据新公共管理理论中的标杆管理法对政府部门进行绩效评价，无疑能够激发政府部门的行事效率，这也为后期绩效预算的发展提供了支持。

三、新公共管理理论的核心理念

（一）新公共管理理论强调市场机制

古典公共行政的管理主义思想被沿用了很长时间，在新公共管理理论中仍然能见到这种思想，其中最为突出的一点就是承认公共部门与私营部门在本质上的相似性，并肯定了以市场为导向的私营部门管理方式的有效性，与政府公共部门相比，这种管理方式无疑更为优越。因此，新公共管理理论强调市场机制。

（二）新公共管理理论强调分权化

分权是现代管理的重要观念，同样也是新公共管理理论所强调的核心之一。要想使组织始终保持高绩效，就必须将权力分散化，让最低一级的政府部门也具有一定的权力，并承担相应的责任，这样就能够降低行政成本。[①] 组织高绩效的实现与雇员的努力程度息息相关，要达到高绩效，就要将权力分散给雇员，让雇员在责任感和足够能力的支撑下完成组织赋予的任务。

（三）新公共管理理论强调公共性

在大多数情况下，市场化导向能够提升公共管理的效率，但这并不意味着政府可以减少自己承担的责任，相反，在某些市场失灵的情况下，政府必须独

---

① 王泽彩. 绩效：政府预算的起点与终点［M］. 上海：立信会计出版社，2016：15.

当一面，发挥其提供公共服务的作用。基于此，政府需要着力提升公共服务水平，并将公共管理的社会化与公共服务的市场化制度确定下来。实际上，政府所承担的公共服务所消耗的资金，最终还是分摊在社会公众身上，这也是取之于民、用之于民的践行。

四、新公共管理理论在绩效管理中的运用

政府机构的一切活动都是为了更好地满足社会公众的需求，从这个层面看，完全可以把社会公众当作市场中的顾客，政府在开展公共服务前进行绩效预算，可以使其更加关注资金使用的结果，进而在公共服务中提升自身效率，向着务实、高效的服务型政府迈进一步。

政府服务意识的转变同样需要在预算绩效评价体系中引入"顾客"理念，作为顾客的社会公众对政府的公共服务打分，他们的满意度就是政府绩效的指标。为了达到预算绩效的指标要求，政府就必须进一步增强服务意识，把为社会公众服务当成自身的责任。

第三节　委托代理理论

一、委托代理理论的内容

委托代理理论于 20 世纪 30 年代被正式提出，由于先前企业经营存在的各种问题，建立委托代理关系，研究在信息不对称的背景下委托人以最小成本激励代理人实现其预想目标，成为一种新兴的经营契约。委托代理关系的适用范围不仅局限于企业之中，公共部门也同样可以运用委托代理理论，即将社会公众视为社会公共责任的委托人，公共部门为了满足公众对公共服务的需求（完成委托责任），就要成立相应的管理部门，并将公共服务提供的相关事宜委托给各部门。

二、公共部门委托代理关系的特点

（一）存在大量的不确定性和信息不对称

公共部门的委托代理关系存在着大量的不确定性，这种不确定性与信息不

对称密切相关。尤其是在公共支出的过程中，一方面政府与公众之间获取的信息不对称，另一方面政府各部门之间获取的信息也存在不对称的情况。

首先，对于公众而言，要想了解政府支出项目的相关信息，就要花费较高的成本，几乎没有公众愿意付出这些成本，因此，政府也无法知晓公众的真实偏好，最终的支出方案也就存在部分不合理性。

其次，对于政府内部而言，各部门之间有的是平级，有的存在上下级关系，基于这种上下级关系，就会出现信息不对称的情况。政府部门为了更加深入地了解公众的偏好，往往会设置一定的体制，公众的偏好也确实得到了呈现，但是，政府部门的级别不同，他们对公众偏好信息的获取程度也就不一样，与公众最密切相关的下级部门了解最多的信息，而这类部门在提供公共服务时将部门利益进行了最大化考量，从而阻碍了公众偏好转变为公共服务的过程。那些与公众关系并不太密切的上级部门，尽管希望将公共服务资源进行优化配置，也会在公众偏好信息获取不到位的情形下受到影响，最终，政府支出的绩效并不高。

（二）存在多层委托代理关系

企业经营过程中的委托代理关系相对简单，而公共委托代理关系由于委托方是政府，政府组织构成的复杂性不言而喻，因此，便产生了多层委托代理关系。以财政部门与预算部门之间的委托代理关系为例，财政部门为了将财政支出的效用最大化，委托预算部门基于公众对公共服务的需求进行预算，其间存在的信息不对称表现为财政部门不了解公共产品成本方面的信息，而预算部门则表现出较大的信息优势。基于此，预算部门在制定财政资金分配计划时，或多或少地掺杂了对自身利益的考虑，财政部门的利益必然受到影响。

政府组织的复杂性决定了公共部门的多层委托代理关系，这种关系无形之中提高了政府的运行成本，而委托人委托的事务经过层层代理链，该事务预期达成的目标也被降低，这是因为在多层代理链的作用下，委托人对委托事务的控制能力变弱，要改变这种局面，只能增强对代理人行为的激励，并做好监督，从而实现绩效的提升。

（三）缺失激励机制

与企业经营中的委托代理关系不同，社会公众和政府部门之间的委托代理关系具有特殊性，即属于一种纯粹授权①。在这种委托代理关系中，既看不到

---

① 高树兰. 公共财政与行政成本控制 [M]. 天津：天津人民出版社，2008：35.

明确的财产所有者，也看不到具体的委托人，用以促进绩效提升的激励机制非常难以建立，激励举措缺失，政府部门的绩效提升也就无从谈起。

（四）缺失考核标准

企业的经营发展目标是营利，公共部门是不折不扣的非营利性组织。在将经济学中的委托代理理论应用到政治学中，即应用到非营利性公共部门中时，以往的代理人绩效考核标准也就失去了作用，很难确立一个新的考核标准，在考核标准缺失的状态下，便无法对公共部门进行激励或者惩罚。

三、委托代理理论在预算绩效管理中的运用

预算绩效管理的实施需要坚实的理论支撑，委托代理理论就起着这样的作用。政府作为社会发展的后盾，承担着满足社会公众需求的责任，社会公众将公共责任委托给政府部门，虽然政府部门的主观愿望是最大限度地完成委托，但是在客观现实（信息不完全、道德风险）的制约下，政府部门做出的代理行为并不总对社会公众有利。尤其是在信息不对称的情况下，委托人处于弱势地位，做出的预算行为也受到信息的影响，这就为代理人的代理行为创造了更大空间，其可以放大自己的利益而使社会公众的利益受到损害。

为了避免上述情况的出现，就必须加强政府部门的内部控制，即强化社会公众对财政绩效的监督。例如，充分发挥绩效评价的作用，以此将代理人对委托人绩效目标实现的情况反映出来。

（一）预算绩效应该体现公众的利益

之所以要求政府公共部门以目标为导向进行绩效预算，就是为了确保公众利益的最大化实现。作为委托人，公众可以通过"对结果负责"的制度，一方面奖励代理人的绩效目标实现行为，另一方面惩罚代理人绩效目标未达成的行为。与此同时，为了进一步缓解信息不对称的情况，绩效预算还要求公共部门进行报告，即一种由预算部门向财政部门、政府向议会和公众报告的制度，这样，代理过程中可能出现的代理人机会主义行为就能够得到避免，委托人的利益也实现了最大化。

（二）提高预算绩效有利于减少"败德"行为

代理过程中"败德"行为的减少也有赖于预算绩效的提高，因为绩效的提高意味着代理人需要付出更多的努力才能达成绩效目标。对于绩效预算而言，预算支出绩效评价是其核心，通过评价可以获知代理人对委托人绩效目标的实现状况，实现得好可以得到奖励，若没有实现则要受到惩罚。另外，公共部门报告制度实行的前提就是汇总绩效信息，这些信息的来源就是预算支出绩效评价。

（三）委托代理理论体现了购买论思想

政府财政支出的目的从来都不是养机构或者养人，而是为了干事，为了更好地满足社会公众的需求，促进社会的发展。基于委托代理理论，政府部门或单位受到公众的委托，成为公共事务的受托人，预算的绩效可以视为代理成本，而绩效评价则代表着委托人的一种监督权利。

第四节　内部人控制理论

一、内部人控制理论的内容

所有权与经营权分离是现代公司的典型特征，简单来说，就是企业由不拥有或者拥有较少份额股权的内部经理阶层所控制，而那些分散的股东并不掌握企业的经营权，而成为企业的外部成员，这是现代经济发展的结果，也是市场经济环境下，企业实现良性发展的必然选择。在现代公司治理中，控制权的分配问题指向的就是内部人控制问题。

政府作为权力机关，有着明确的公共属性，这一公共权力机关的构成需要同时具备三个要素——办事的人，即处理公共事务的人；有事要办，即有公共事务需要处理；与办事要求相适应的组织形式，即由机关首长、办事人员和后勤人员组成的团体。政府组织与此同理，因而其也被称作一个机关，即常说的政府机关。

与一般机关相比，政府机关的特殊性表现在它的公共权力上，政府可以在权力范围内对一切社会公共事务进行管理。何谓权力？详细而言，权力具有两方面的含义：首先，权力必然与公职密切联系，它代表着一种支配力量，并且具有政治属性，如行政职权；其次，权力可以指代总体意义上的权利，这种权利涵盖的范围也非常广泛，如公共权力。就第一层含义来看，权力为管理者所拥有，表现为管理者的职权，而其第二层含义则指出了权力的广泛存在性。

权利是指法律对于法律关系主体能够做出或者不做出一定行为的可能性，

以及要求他人做出或不做出一定行为的许可和保障。① 也就是说：第一，权利是由法律确定的，是规范的法律概念，没有法律的授权就不能成为权利；第二，它用于说明权利人行为的可能性，权利人可以行使，也可以不行使法律权利；第三，权利是相对于义务而言的，义务是一种责任或承诺，具有不可撤销性。

权利与义务是一对矛盾体，在法律上，公正是指权利与义务的相对等性，既没有无权利的义务，也没有无义务的权利。因此，权力是广泛的概念，它可来自法律授权，也可来自行政管理需要；而权利是限定的法律概念，权力有时也指总体上的权利。

公共权力也称为政府权力，是指政府在执行公共职能，管理公共事务方面的职权与职责。它有以下特征。

（1）公共权力的主体是政府，获得这一授权的组织称为社会公共组织。

（2）公共权力的范围与政府管理的公共事务内容相关。由于公共权力会侵犯私人权利，因而必须采用授权制，以限定政府的职权范围。

（3）法律固然是重要的授权形式，但选举或公民投票、委托、代理等同样是重要的授权方式。在有些著作中，往往将公共权力与政治权力等同，但严格地说，这二者是有区别的，政治权力是指公共权力与政治（统治阶级利益）结合而形成的现实统治权。

（4）公共权力是一种强制权，它是以强大的国家机制为后盾来实施的。公共权力的内容包括立法权、司法权、行政管理权、课税权、公共财产所有权等。如果说，政府的立法权、司法权主要是建立社会秩序和规则，那么，行政管理权则主要指管理公共事务，向社会提供包括治安、教育、卫生等在内的公共服务。

公共权力理论告诉我们，立法、司法和行政是公共权力的三个重要的方面。而采取什么方式来行使这些权力是政府治理结构中控制权的分配问题。西方的立法、司法和行政"三权分立"的制度，我国的在全国人民代表大会领导下"一切权利归于人民"的制度，表明了在政府内部中有着不同的分工方式。在不同的政府治理结构中，控制权的激励力与约束力的大小也存有差异。由于公共权力脱离了私人利益，并以强有力的国家机制为后盾，因而它是一种凌驾于私人权力之上的权力。公共权力的特性，使拥有公共权力的政府取得了凌驾于社会之上的地位，当公共权力缺乏激励与约束时，同样会产生内部人控制现象。

---

① 蔡军. 财政绩效管理研究［M］. 长春：吉林大学出版社，2005：46.

二、内部人控制及其现象

（一）企业中的内部人控制现象

内部人控制是指经理人员事实上或依法掌握了控制权，他们的利益在公司战略决策中得到了充分的体现。内部人控制作为现代公司的内生现象，是一个普遍现象。经济学家把内部人控制分为以下两种情况。

一是指在现代公司制形成后出现的企业所有权与经营权分离所导致的委托代理关系问题。美国学者于1933年对200家美国企业进行了实证研究，其研究表明：由于股份分散化，不占有50%以上股份的股东，甚至完全不占有股份的经理人员也有可能控制企业。在调查的对象当中，有44%的企业和58%的企业资产不是由股东控制的，而是由并未持有公司股份的经理人员控制的。由此得出：现代公司的发展，已经使其不受经营者的控制，或者说已经实现了所有权与经营权的分离。

二是指在计划经济体制向市场经济体制转轨过程中发生的企业经营者利益与国家利益不一致，造成所有者与经营者的激励不相容的情况。国家在拥有企业信息方面处于不利地位，企业实际上被经营者所控制。这种现象在俄罗斯和东欧国家的国有企业中表现突出。

我们可以将企业内部人控制的具体表现和后果归纳为以下几个方面。

（1）过分的在职消费，比如一顿工作餐可以吃掉工人一两个月的收入，公费吃喝、公费旅游等都可以算为此列。

（2）信息披露不规范，既不及时，又不真实，报喜不报忧，在财务上做假账，甚至超越权限的重大经营活动也不报董事会批准。

（3）短期行为。他们不是考虑企业的长期发展，考虑资产的保值和增值，而是考虑在职期间的成绩、地位和利益，并不惜以后者损害前者。

（4）过度投资和耗用资产。由于使用国有资产的边际成本极低，因此，不用白不用，导致国有资产投放和使用的低效率。

（5）工资、奖金、福利等收入增长过快，侵占国有资产所有者的剩余价值。

（6）转移、侵犯国有资产。比如，在一个国有大企业内（或外）建立一个由内部人控制的小企业（非国有的），风险和成本尽量留给国有大企业，安全和收益尽量留给自己的小企业。

（7）瓜分国有资产，逃避债务。通过搞"假破产"或企业重组，将原有的企业资产分光、吃光，导致银行债务无人负责。以上现象都是国有企业内部人控制的具体表现。

（二）政府中的内部人控制现象

在进入市场经济后，我国的廉政建设任重而道远，如果不加以约束，公共权力就很容易变成"租金"，产生"寻租"现象。腐败的原意是指有机体由于微生物的作用而导致其正常的机能被破坏或丧失。用在政治上，腐败是指政治权力的运用违背了公共利益原则，用于为自己或少数人谋利益①。这一定义告诉我们，政治上的腐败既包括通过贪污受贿等为个人或小集团获得额外利益的行为，也包括执政者利用公权和公共资金，为实现个人升迁、树碑立传等目的而浪费人民钱财的行为，如政绩工程、形象工程等"过度作为"。如果说，前者已经被我们所认识，那么，后者由于他们将自己的利益打扮成"人民利益"而具有隐蔽性，不易被识破。

执政者的腐败不但会束缚生产力的发展，而且会对执政党的形象造成不可挽回的损害，如果不能有效地制止这种现象的发生和蔓延，那么，执政党就会失去人们的信任，其执政的地位和基石就会发生动摇。如果这样，将会造成经济混乱、社会倒退的结果。因此，建设廉洁的党和政府既是党的自身建设要求，也是关系到人民福利的重大政治问题。

十一届三中全会以来，我党和政府十分重视廉政建设。例如，我们在党内设置了纪律监察委员会，各级检察机构成立了反贪局，专门从事廉政建设。十四届三中全会后，中共中央围绕廉政建设党和政府发出了一系列的指示和决议，并将廉政建设写入党的章程和政府工作报告中。十六大将建设高效、廉洁政府确定为未来五年的工作目标。习近平总书记也始终强调重视廉政的思想建设。

三、内部人控制产生的原因

日本经济学家青木昌彦指出，虽然内部人控制在某些社会主义国家的转轨经济中表现得尤为突出，但内部人控制现象绝不是转轨经济中所特有的。② 在西方国家，由于股权结构高度分散的特点和委托代理关系等问题的存在，也都不同程度地出现过内部人控制现象。

现代公司产权上所有权和控制权的分离，使委托代理关系随之出现。在委托代理关系中，由于委托人和代理人具有各自不同的利益，在代理行为中，当

---

① 马国贤. 政府绩效管理 [M]. 上海：复旦大学出版社，2005：89.
② 杨浩. 现代企业理论与运行 [M]. 上海：上海财经大学出版社，2004：153.

代理人追求自己的利益时，就有可能造成对委托人利益的损害，这就是所谓的代理人问题的产生，也是内部人控制的实质。代理人是一个具有独立利益和行为目标的"经济人"，他的行为目标与委托人的利益目标不可能完全一致。委托人和代理人之间存在的严重的信息不对称，这使代理人损害或侵蚀委托人利益的行为成为可能。

在内部治理结构的约束和制衡机制尚未建立或完善的情况下，所有者将部分或全部决策权、收益分配权交给了经理层，经理人员的权力扩大后，企业就出现了利益向内部人倾斜的现象，这是导致内部人控制现象产生的一个普遍原因。

在西方国家，特别是英美等国家的公司中，股权的高度分散化是其重要特点。公司的股权极为分散，股东的数量极大，每个股东只拥有极为有限的发言权。另一方面，股权的流动性也高，这意味着众多股东只对企业的经营业绩（即能拿到多少股利和分红）感兴趣，而对经营者的经营行为毫无兴趣。即使对企业的经营业绩不满，也不会干预公司的经营运转，只会转让公司的股票。因此，股东对经理人员几乎不会造成压力。在这种情况下，股权所有者对内部人的监督约束机制就失去了应有的作用。

所有权代表明确化的困难是导致内部人控制加强的另一个重要因素。我国国有企业实行股份制改造时，为了维持转轨时期的平稳性和渐进性，企业的绝大部分股权都交给国家持有，但如此一来，企业所面临的一个重要问题就是，谁将代表国家在股东大会中行使表决权，并执行监督经理人员的职能。由于这个问题解决起来十分困难，所以，实行股份制改造企业的内部人控制问题就更为突出。

首先，企业组织结构的缺陷强化了内部人控制。我国的股份公司都设置了由股东大会、董事会及经理层组成的企业组织管理体制，还设置了监事会为监察机构。在大多数原国有企业改制而设立的股份公司中，还有一个对决策有相当大影响力的机构，即职工代表大会。但是实际上，有相当多公司的董事会和经理层几乎是由原企业高级管理人员的原班人马组成的，有些是原来的厂长担任新公司的董事长并兼任总经理；有些则是由原公司的上级主管部门象征性地派出一名董事长，由原厂长担任总经理；绝大多数公司的监事会主席都是原公司行政首长的助手，或工会主席。

其次，"国有企业所有者缺位"的现象使内部人控制现象得到强化。在原来的国有企业，虽然国有产权主体的人格化问题一直未能解决，但至少还有行政隶属关系方面的上级主管在形式上扮演着所有者，上级管理机构可以用行政权力制约公司经理层。而企业转制后，法律上已经明确没有上级主管，只有所有者，即股东。因此，原行政上级已经失去了制约新公司的法律依据，而国有股份代表的人格化至今仍不明确。这样，能够真正对国有资产保值增值负责、关心国有资产利益的国有股份所有者的人格化代表就无法发挥作用。于是，内部人控制就可以"乘虚而入"。

从上市公司的情况来看，董事会和公司经营班子比较混乱，基本上是"一套人马、两个班子"，股东大会与董事会脱钩，董事会难以代表股东的利益对公司发展进行决策，对公司经营班子进行监督。这样，董事会的权力实际上被公司经营班子所掌握，它们不仅掌握公司的日常经营活动，同时具有公司战略规划、利润分配的决策权。公司经营者往往根据自己的利益倾向，对公司的重大决策提出方案，顺理成章地通过董事会，做好个别"公关"工作，进一步通过股东大会，这就是所谓的经营权"倒逼"所有权的程序。可见，现代公司中的内部人控制现象主要是在所有者空位及所有权约束机制难以发挥作用的情况下出现的，归根结底是企业治理结构的完善问题。

政府是公共事务受托人，人民将庞大的资金和公共利益委托给政府管理。那么，政府应当对公共资金的使用及其效率负责，财政的作用不仅是分配国民收入，更是管理公共经济。财政的作用源于公共部门的公共资金依赖性。也就是说，市场经济下，在人民缴纳了税收等费用后，公共部门的职能应当靠财政拨款来实现，原则上不得"与民争利"。

既然政府各部门的职能依赖于公共资金，那么，财政就应当承担起公共经济的"总管"责任，即公共资金管理者的角色。资源稀缺规律告诉我们：公共资金是一项稀缺资源。为此，需要有人承担公共资源的配置职能。资源配置职能的核心是效率。提高公共资源配置效率有助于增进公共利益或公共福利，因而它属于重要的公共经济管理问题。

我们发现，代理人（总管）与委托人在资源配置职能上有较大的道德风险、逆向选择风险和信息不对称风险，在不良的治理结构或低效的管理制度中，常常出现个人利益或部门利益侵占公共利益的情况，在分配职能上不能实现公平分配，在资源配置职能上不能提高公共资源配置效率。

四、内部人控制的危害

内部人控制是公司制不成熟和不规范的产物，它往往会给公司的运行和发展带来一系列危害。而在政府部门中，内部人控制会带来更大的危害。

首先，内部人控制的政府行为目标通常不是公众利益或社会利益的最大化，而是内部人利益的最大化。这种利益既包括内部人对货币收入的追求，也包括对其他非货币收入的追求。为了达到这一目标，政府会不断提高工资、奖金水平，即使"亏损"也要发奖金。另外，高层管理者的在职消费还会以加大经营成本的方式蚕食公共利益。

其次，内部人控制在政府中实际上是一个权力失衡的格局，没有外部人的监控和约束，政府管理者为了营造自己的独立王国，扩大自己的控制权，会采取不顾风险而大量举债的行为，或千方百计地增加公民的纳税负担。由于政府内部人实际上是风险逃避者，政府的债务风险由公民（纳税人）承担，因此，政府税收规模的扩大并不能保证纳税人利益的增加，但纳税人的经济负担却加大了。

最后，内部人控制还会导致纳税人资产包括公共资产的流失，如政府部门为自身谋利益而在内部设立"小金库"，将一部分纳税人的权益占为己有，或通过设立附属单位（向外投资）将资产转移，并将这部分转移的资产收益留给内部人自己享有。为了消除内部人控制现象，政府需要健全完善的治理结构，尽快从内部监督治理结构的"形式"走向外部监督治理结构的"实质"，实现权力制衡，强化纳税者、监督者对决策者的监督和约束。

第三章　预算绩效计划与目标管理研究

建立全过程预算绩效管理机制，是全面实施预算绩效管理的重要内容。预算编制环节要加强绩效计划与绩效目标管理，确定预期要实现的主要产出和效果；预算执行环节要做好绩效运行监控，跟踪年初设定的绩效目标实现程度和资金执行进度，纠正执行偏差，及时弥补管理"漏洞"；决算环节要实施绩效评价管理，全面反馈绩效目标完成情况，对财政支出绩效进行客观、公正的评价，并将其作为改进预算管理、政策调整和安排以后年度预算的重要依据。本章将对预算绩效计划与目标管理进行具体探究。

第一节　事前绩效评估

一、事前绩效评估的含义

事前绩效评估是绩效目标管理的重要内容，是政府预算决策的重要改革举措，旨在预算编审环节引入社会监督，推行科学民主决策，建立"参与式预算"机制。

事前绩效评估，是指财政部门根据部门战略规划、事业发展规划、项目申报理由等内容，通过委托第三方的方式，运用科学、合理的评估方法，对项目实施必要性、可行性、绩效目标设置的科学性、财政支持的方式、项目预算的合理性等方面进行客观、公正的评估。

二、事前绩效评估的内容与意义

(一) 事前绩效评估的内容

1. 项目实施的必要性评估

项目实施的必要性评估，主要评估项目立项依据是否充分，项目内容与国家、地方的宏观政策，行业政策，主管部门职能和规划，当年重点工作是否相关；项目设立依据的宏观政策是否具有可持续性；项目所在行业环境是否具有可持续性；项目是否具有现实需求，需求是否迫切，是否有可替代性，是否有确定的服务对象或受益对象；是否有明显的经济、社会、环境或可持续性效益，项目预期效益的可实现程度如何等。

2. 项目投入的经济性评估

项目投入的经济性评估，主要是运用成本效益分析法，对项目投入的成本进行评估，通过对项目实施过程中不同方案的成本进行测算，选择成本最低的项目实施方案。

3. 项目实施的可行性评估

项目实施的可行性评估，主要评估项目组织机构是否健全，职责分工是否明确，组织管理机构是否能够可持续运转；项目内容是否明确具体，是否与绩效目标相匹配；项目技术方案是否完整、可行，与项目有关的基础设施条件是否能够得以有效保障；项目单位及项目的各项业务和财务管理制度是否健全，技术规程、标准是否完善，是否得到有效执行；针对财政资金支持方式可能存在的风险，是否有相应的保障措施等。

4. 项目绩效目标的合理性评估

项目绩效目标的合理性评估，主要评估项目是否有明确的绩效目标，绩效目标是否与部门的长期规划目标、年度工作目标相一致；项目产出和效果是否相关联，受益群体的定位是否准确；绩效目标与项目要解决的问题是否匹配、与现实需求是否匹配，是否具有一定的前瞻性和挑战性；绩效指标设置是否与项目高度相关，是否细化、量化等。

5. 项目筹资的合规性评估

项目筹资的合规性评估，主要评估项目预算中不同性质来源的资金是否符合国家相关法律法规的要求，项目预算编制依据是否充分；项目预算是否与项目绩效目标相匹配，投入产出比是否合理；项目资金来源渠道是否明确，各渠道资金到位时间、条件是否能够落实；财政资金支持方式是否科学合理，项目实施中来源于不同级财政资金配套方式和承受能力是否科学合理等。

（二）事前绩效评估的意义

事前绩效评估是绩效目标管理的拓展与深化，其在绩效目标审核的基础上，扩大了参与主体、拓展了论证与评估的方式方法、细化了审核内容，进而增强了事前绩效管理的科学性与客观性。同时，事前评估与事中跟踪、事后评价相衔接，完善了全过程预算绩效管理。而相对于事后评价，事前评估是在预算申报阶段进行的评估，评价环节的前移，更利于从源头上把好资金分配关，优化财政资源配置、提高预算管理水平、提升公共服务质量，从而推进"责任政府"和"效率型政府"建设。

三、事前绩效评估的程序与方法

（一）事前绩效评估的程序

为确保事前评估工作的客观公正，事前评估工作应当遵守严格、规范的工作程序。程序一般包括事前评估准备、事前评估实施、事前评估总结及应用三个阶段。

1. 事前评估准备

（1）确定事前绩效评估对象和范围。财政部门根据地区经济社会发展需求和年度工作重点确定事前评估的对象和范围。

（2）下达事前绩效评估任务。各级财政部门下达事前绩效评估任务通知书，明确评估组织实施形式，确定评估目的、依据、内容、评估时间及其他要求等。

（3）成立事前绩效评估工作组。第三方机构接受事前评估任务，成立事前评估工作组，组织开展事前评估各项工作。

2. 事前评估实施

（1）拟订评估工作方案。评估工作组按要求拟订具体的事前评估工作方案。

（2）前期沟通。评估工作组组织财政部门主管业务处室和项目单位等部门相关工作负责人开展前期见面会，了解项目整体情况，指导项目单位收集准备评估所需资料。

（3）组建专家组。评估工作组依据项目内容遴选评估专家，组成评估工作专家组。

（4）收集审核资料，现场调研。评估工作组收集审核项目资料，与行业专家、人大代表、政协委员到项目现场进行调研。通过咨询行业专家、查阅资料、问卷调查、电话采访、集中座谈等方式，多渠道获取项目信息。

（5）进行预评估。评估工作组与专家组对项目相关数据进行摘录、汇总、分析，完成预评估工作。对于资料不全或不符合要求的，要求项目单位在 5 个工作日内补充上报，逾期视同资料缺失。

（6）召开正式专家评估会。专家组通过审核项目资料和听取项目单位汇报，对项目的相关性、预期绩效的可实现性、实施方案的有效性、预期绩效的可持续性和资金投入的可行性及风险等内容进行评估，形成评估结论。

参与评估的人大代表、政协委员可单独出具评估意见，包括对事前评估工作的意见建议及项目的评估意见等。

3. 事前评估总结及应用

（1）撰写事前绩效评估报告。评估工作组根据专家、人大代表和政协委员的评估意见，按照规定的文本格式和要求，撰写事前评估报告，整理事前评估资料。

（2）提交事前绩效评估报告。评估工作组在专家评估会后 5 个工作日内，向财政部门提交事前评估报告。

（3）事前绩效评估结果反馈与应用。财政部门及时向主管部门、参与事前评估的人大代表和政协委员反馈事前评估结果，并根据事前评估结果做出预算安排决策；主管部门和预算单位根据事前评估意见进一步完善部门预算管理。

（4）结果汇报。财政部门向本级人大和本级政府汇报事前评估结果。

（二）事前绩效评估的方法

事前绩效评估方法包括成本效益分析法、比较法、因素分析法、最低成本法、公众评判法等。

（1）成本效益分析法，通过将项目预算支出安排与预期效益进行对比分析，对项目进行评估。

（2）比较法，通过对绩效目标与预期实施效果、历史情况、不同部门和地区同类预算支出（项目）安排的比较，对项目进行评估。

（3）因素分析法，通过综合分析影响项目绩效目标实现、实施效果的内外因素，对项目进行评估。

（4）最低成本法，对预期效益不易计量的项目，通过综合分析测算其最低实施成本，对项目进行评估。

（5）公众评判法，通过专家评估、公众问卷及抽样调查等方式，对项目进行评估。

事前评估方法的选用应坚持简便有效原则。根据评估对象的具体情况，可采用一种或多种方法进行评估。

第二节　绩效目标管理

一、预算绩效目标管理的含义与层次

（一）预算绩效目标管理的含义

预算绩效目标管理是实施预算绩效管理的前提和基础。预算绩效目标管理是一套动态的预算绩效管理体系，它是以绩效目标的设置为起点，通过目标审核、目标批复、目标执行、绩效评价和结果应用这六个环节形成的闭环管理模式。原有的预算绩效管理重点是在事后进行绩效评价，而预算绩效目标管理的推行使得预算绩效的管理在事前就能得到监管，同时这样做还可以使财政资金的使用得到统一安排、财政支出的结构进一步优化、财政资金的分配效率进一步提升。

预算绩效目标管理有利于预算部门树立绩效理念，加强对项目前期可行性的论证，减少项目立项的随意性；有利于预算部门落实职责分工，强化责任意识，有序推进各项工作；有利于财政部门统筹财力配置，优化财政支出结构，提高财政资金使用效率。

（二）预算绩效目标管理的层次

预算绩效目标管理从上到下、从宏观到具体可划分为政府目标、部门整体支出绩效目标、政策绩效目标和项目支出绩效目标。

1. 政府目标

政府目标是政府宗旨的具体化，是对政府职能的阐明和界定，是政府战略活动的预期成果。政府职能是指行政主体作为国家管理的执法机关，在依法对国家政治、经济和社会公共事务进行管理时应承担的职责和所具有的功能。

2. 部门整体支出绩效目标

部门整体支出绩效目标反映预算部门（单位）为履行职责所分配、管理和使用的财政资金预期的产出和效果。部门整体支出绩效目标强调整体性，反映的是预算部门（单位）总体目标和部门履职情况。

3. 政策绩效目标

政策绩效目标是综合反映政策公共投入与实现政府战略、社会与经济发展规划的关联性、经济性、效益性和效率性，以实现政策资源的有效配置。

4. 项目支出绩效目标

项目支出绩效目标是预算部门（单位）在实施具体项目，使用财政资金时，在一定期限内预期达到的产出和效果。

二、预算绩效目标管理的程序

（一）绩效目标设定

绩效目标设定是指各部门或其所属单位按照部门预算管理和绩效目标管理的要求，编制绩效目标并向财政部门或各部门报送绩效目标的过程。预算单位在编制下一年度预算时，要根据本级政府编制预算的总体要求和财政部门的具体部署、国民经济和社会发展规划、部门职能及事业发展规划，科学、合理地测算资金需求，编制预算绩效计划，报送绩效目标。报送的绩效目标应与部门目标高度相关，并且是具体的、可衡量的、一定时期内可实现的。预算绩效计划要详细说明为达到绩效目标拟采取的工作程序、方式方法、资金需求、信息资源等，并有明确的职责和分工。

按"谁申请资金，谁设定目标"原则，绩效目标由各部门及其所属单位设定。项目支出绩效目标，在该项目纳入各级政府部门预算项目库之前编制，并按要求随同各部门项目库提交财政部门。基层单位绩效目标，是指申请预算资金的基层单位按照要求设定绩效目标，随同本单位预算提交上级单位的过程。部门（单位）整体支出绩效目标，在申报部门预算时编制，设定本级支出绩效目标，审核、汇总所属单位绩效目标，并按要求提交本级财政部门。

绩效目标要能清晰反映预算资金的预期产出和效果，并以相应的绩效指标予以细化、量化描述。主要包括：（1）预期产出，是指预算资金在一定期限内预期提供的公共产品和服务情况；（2）预期效果，是指上述产出可能对经济、社会、环境等带来的影响情况，以及服务对象或项目受益人对该项产出和影响的满意程度等。

绩效指标是绩效目标的细化和量化描述，主要包括产出指标、效益指标和满意度指标等。

（1）产出指标是对预期产出的描述，包括数量指标、质量指标、时效指标、成本指标等。

（2）效益指标是对预期效果的描述，包括经济效益指标、社会效益指标、生态效益指标、可持续影响指标等。

（3）满意度指标是反映服务对象或项目受益人的认可程度的指标。

（二）绩效目标审核

1. 绩效目标审核内涵

绩效目标审核是指财政部门或各部门对相关部门或单位报送的绩效目标进行审查核实，并将审核意见反馈相关单位，指导其修改完善绩效目标的过程。

按"谁分配资金，谁审核目标"原则，绩效目标由财政部门或各部门按照预算管理级次进行审核。根据工作需要，绩效目标可委托第三方予以审核。财政部门要依据国家相关政策、财政支出方向和重点、部门职能及事业发展规划等对单位提出的绩效目标进行审核，包括绩效目标与部门职能的相关性、绩效目标实现所采取措施的可行性、绩效指标设置的科学性、实现绩效目标所需资金的合理性等。

绩效目标审核是部门预算审核的有机组成部分。绩效目标不符合要求的，财政部门或中央部门应要求报送单位及时修改、完善。审核符合要求后，方可进入项目库，并进入下一步预算编审流程。各部门对所属单位报送的项目支出绩效目标和部门（单位）整体支出绩效目标进行审核。有预算分配权的部门应对预算部门提交的有关项目支出绩效目标进行审核，并据此提出资金分配建议。经审核的项目支出绩效目标，报财政部门备案。

2. 绩效目标审核内容

绩效目标审核的主要内容包括以下几点。

（1）完整性审核

绩效目标的内容是否完整，绩效目标是否明确、清晰。

（2）相关性审核

绩效目标的设定与部门职能、事业发展规划是否相关，是否对申报的绩效目标设定了相关联的绩效指标，绩效指标是否细化、量化。

（3）适当性审核

资金规模与绩效目标之间是否匹配，在既定资金规模下，绩效目标是否过高或过低；或者要完成既定绩效目标，资金规模是否过大或过小。

（4）可行性审核

绩效目标是否经过充分论证和合理测算；所采取的措施是否切实可行，并能确保绩效目标如期实现。综合考虑成本效益，是否有必要安排财政资金。

3. 绩效目标审核程序

绩效目标审核程序包括以下几步。

（1）各部门及其所属单位审核

各部门及其所属单位对下级单位报送的绩效目标进行审核，提出审核意见并反馈给下级单位。下级单位根据审核意见对相关绩效目标进行修改完善，重新提交上级单位审核，审核通过后按程序报送财政部门。

（2）财政部门审核

财政部门对各部门报送的绩效目标进行审核，提出审核意见并反馈给各部门。各部门根据财政部门审核意见对相关绩效目标进行修改完善，重新报送财政部门审核。财政部门根据绩效目标审核情况提出预算安排意见，随预算资金一并下达各部门。

（三）绩效目标批复和应用

按"谁批复预算，谁批复目标"原则，财政部门和各部门在批复年初部门预算或调整预算时，一并批复绩效目标。批复的绩效目标应当清晰、可量化，以便在预算执行过程中进行监控及预算完成后实施绩效评价时对照比较。原则上，各部门整体支出绩效目标、纳入绩效评价范围的项目支出绩效目标和一级项目绩效目标，由本级政府财政部门批复；部门所属单位整体支出绩效目标和二级项目绩效目标，由各部门或所属单位按预算管理级次批复。

绩效目标确定后，一般不予调整。预算执行中因特殊原因确需调整的，应按照绩效目标管理要求和预算调整流程报批。各部门及所属单位应按照批复的绩效目标组织预算执行，并根据设定的绩效目标开展绩效监控、绩效自评和绩效评价。

（四）绩效目标公开

绩效目标设定情况应当按照政府信息的有关规定在一定范围内公开。通过预算绩效目标公开，主动接受社会监督，强化各部门"花钱问效"的责任意识，推动预算资金使用效益不断提升。

第三节 预算评审与项目审批

一、预算评审的概念与内容

（一）预算评审的概念

作为一种行为，评审是指"为确定主题事项达到规定目标的适宜性、充分性和有效性所进行的活动"[①]。预算评审是财政部门为有效实施预算法，运用专业的技术和手段，对预算项目的基本情况、资金来源、财政预算编制和财政决算结果所进行的评判、监督活动。至于对财政预算的执行和调整所实施的监督，则不应归属于预算评审，以免与其他的过程监督机构之职责相重复。其中，编制阶段的预算评审，是指为提高预算编制质量而对财政预算编制结果所实施的监督活动。决算阶段的预算评审，是指为提高财政预算执行效果而对财政预算执行结果所实施的监督活动。

政府预算项目评审是指管理部门在审定项目预算前组织评审专家组，由专家组按照规范的程序和公允的标准对项目预算进行的咨询和评判活动，其主要任务是对项目申报预算的目标相关性、政策相符性和经济合理性进行评价，目的是为管理部门对项目预算决策提供咨询。

预算评审坚持独立、客观、公正、科学的原则，并自觉接受有关方面的监督。

（二）预算评审的主要内容

1. 项目的完整性、必要性、可行性和合理性审核

（1）完整性

主要是项目申报程序是否合规，项目申报内容填写是否全面，项目申报所需资料是否齐全等。对于财政支出项目而言，主要考量项目内容是否与项目功能匹配，是否涵盖项目全部功能，是否达到项目目标要求，与项目内涵与外延是否衔接等方面。

（2）必要性

主要是项目立项依据是否充分，与部门职责和宏观政策衔接是否紧密，与

[①] 吴初. 标准化工作指南［M］. 天津：天津教育出版社，2008：165.

其他项目是否存在交叉重复等。对于一个财政支出项目来说，立项的前提是该项目是否有立项的必要性。主要考察项目是否符合国家经济和社会发展的大政方针，是否符合中长期发展规划和目标等相关政策、法规、制度，是否符合部门工作目标，是否符合公共财政资金保障的范围和支持方向，是否符合单位工作职责，项目实施是否有利于完成行政工作任务或促进事业发展等。

（3）可行性

主要是项目立项实施方案设计是否可行，是否具备执行条件等。可行性重在考察预算项目实施内容的可操作性，实施条件是否具备，前期准备是否到位，与其他有相关项目或内容的衔接情况是否就绪，操作程序是否规范等方面。通过评审，对项目投资的预算约束、技术要求、人员组织、管理制度保障等方面进行考察，证明在目前的政治、经济、科学技术、社会条件下，结合经济效益、社会效益、生态环境效益考虑，财政对该项目的投资是切实可行的。

（4）合理性

主要是项目支出内容是否真实、合规，预算需求和绩效目标设置是否科学合理等。对项目实施内容是否符合项目功能定位，项目工作量与实施内容是否匹配，费用范围和结构是否合理，费用标准是否符合项目功能定位等进行评估判断。这里要注意两种倾向：一是夸大项目的投资额而形成浪费；二是为取得项目投资而故意减少投资额，结果形成"钓鱼工程"。

2. 项目的绩效目标审核

（1）审核绩效目标的格式是否规范、内容是否完整，绩效目标是否明确、清晰。

（2）审核绩效目标的设定与部门职能、事业发展规划、项目实施内容是否相关，是否选取了关键指标，绩效指标是否细化、量化。

（3）审核预期绩效是否显著、合理，资金规模与绩效目标之间是否匹配。

（4）审核绩效目标是否经过充分论证和合理测算，是否符合客观实际，所采取的措施是否切实可行，绩效目标能否如期实现。

二、财政预算评审的特点

（一）具有社会管理和经济管理双重属性

国家财政随国家的产生而产生，而财政预算是国家财政发展到一定阶段的产物。财政预算是财政体系的重要组成部分，是国家财政的核心，是政府调节经济和社会发展的重要工具，是履行政府职责、反映社会经济发展目标的计划，体现政府的财政活动范围和政策手段，由政府编制，经立法机关审批，具有鲜明的法定性，财政预算的产生必须要经过严格的法定程序，严格依照法律法规确定收支范围和方向。

财政预算评审是应预算管理的要求而产生的，发展到今天，已然成为财政预算管理的必要环节，属于预算管理的范畴。财政预算管理作为政府的一项重要职能，是现代国家公共财政体制建设的基本内容，财政活动的合理安排和科学规范不仅是政府政策意向的直接体现，更是关系到整个宏观经济的运行，对国民经济的健康发展至关重要。从这个层面上来看，财政预算评审是一项政策性很强的工作，必须服从于财政管理的要求。因此，预算评审是一项定量与定性相结合的工作，对于预算支出涉及的一系列不可量化的政策性因素，需要对预算支出与政策目标的关联度进行判断。而充分领会政策精神，把握评审判断要领，有时存在一定困难。

（二）评审结果存在一定的非精准性

预算管理是对未来的经营活动和财务结果进行预测和筹划，对执行过程进行监控，对比分析实际完成情况与预算目标之间的差异，及时改善和调整各项管理活动，帮助决策者实现有效管理和战略目标。财政预算是以财政分配活动为管理对象，按照法律程序编制和执行的政府财政收支计划，是政府管理财政活动的一种重要工具。但是，预算编制属于预算管理的前端工作，是对未来的活动进行预测和筹划，而未来的活动可能发生变化，预测因素存在一定的不确定性，从而导致预算编制和预算评审具有相对模糊性。虽然预算编制要求准确化、精细化，但基于对象的未来性和预测性，与会计、审计等工作相比，难以做到100%精准。

（三）评审标准存在一定的变动性

在目前尚未建立评审原则及评审标准的情况下，对于已建立项目支出标准的项目，预算评审可以依据项目支出标准进行。为深化部门预算改革，规范项目支出定额标准管理，提高预算科学化精细化管理水平，财政部全面启动预算标准体系建设，先后印发了《中央本级项目支出定额标准管理暂行办法》的通知（财预［2009］403号）、《中央本级项目支出定额标准体系建设实施方案》的通知（财预［2009］404号）、《关于加快推进中央本级项目支出定额标准体系建设的通知》（财预［2015］132号），并加紧制定一系列项目支出标准，各省（市）也根据各自的特点，制定相应支出标准。然而，同一内容的支出，在不同地区、不同项目、不同时期，可能不完全一致，因而同一支出标准并非适合所有的项目，需要针对不同地区、不同项目、不同时期，考虑经济社会发展变化等因素对支出标准做出调整。

诚然，项目支出标准管理的原则之一是动态优化，即在保持标准相对稳定的前提下，结合经济社会发展和技术水平变化，对标准实施动态优化，但因调整的及时性受到一定程度的限制，从而导致在预算评审过程中，有必要根据评审时的具体情况对某些项目支出标准进行适当修正。特别是，项目支出标准体系还不完善，预算评审原则尚未制定，预算评审标准体系亦未形成，大多数项目基本没有统一的预算评审标准，因此，预算评审标准存在一定的变动性。

三、预算评审的目标与模式

（一）预算评审的目标

预算评审属于预算编制阶段的范畴，是绩效预算管理的前端工作，其总体目标是规范财政公共资金的合理使用，提高财政公共资金使用效果。

具体目标是提高预算编制质量，优化预算资源配置，合理节约使用财政资金，健全相关制度，完善政策体系。

（二）预算评审的模式

按照财政预算评审的开展方式，预算评审可以归纳为以下四种模式。

第一，由立法机关或政府出台有关财政预算评审管理的法规，授权财政预算评审机构对财政项目的预算、决算进行审核、评判。

第二，由财政部门出台有关财政预算评审管理方面的制度办法，授权财政预算评审机构实施财政预算评审业务，对需要委托社会中介机构的评审业务，也由财政预算评审机构组织实施。

第三，年度基建工程项目的评审业务，可全部委托给财政预算评审机构，由财政预算评审机构编制出财政预算评审年度计划，再分别向被审单位下达评审通知书，使评审机构有计划性地合理配置力量，提高工作效率。

第四，由财政业务部门将预算评审业务委托给财政预算评审机构或社会中介机构进行评审，这种运作模式实际上是把财政预算评审机构视同社会中介机构一样对待。

四、预算评审的流程与方式

（一）预算评审的流程

具体操作时，评审工作组根据项目复杂性和资料准备情况，可灵活采取现场审核、资料送审以及先现场沟通再集中审核等多种方式。对于资料较少的项目，可采取资料送审的方式；对于资料较多，内容复杂，需与项目申报单位频繁沟通的项目，可采取现场审核方式。

财政支出项目的预算评审程序一般包括前期准备、制定评审方案、实施评审、报告撰写与稽核、出具报告和案卷归档等环节。

1. 前期准备

前期准备阶段一般包括评审任务接收、评审对象确定、评审工作组组建和基础资料收集审核等。

具体如下：项目评审负责人接到评审任务通知书后，查询项目申报方案和绩效目标表等预算资料，确定评审对象、范围和评价目的等。组建评审工作组，一般包括评审中心工作人员、中介机构人员和行业专家。工作组应具体负责整个评价的组织指导工作，确定评价机构，制定或审核评价方案。评审工作组应及时联系项目单位，了解项目情况，拟订资料清单，从事资料的收集、审核及交接工作。同时，评审工作组要通过多种渠道收集相关政策制度文件和标准规范等，做好评审准备工作。

2. 制定评审方案

在前期准备工作基础上，评审工作组要对预算评审任务进行总体分析，初步确定评审方式、评审原则等，拟订评审工作方案。评审工作方案包括项目概况、评审依据、评审内容、评审思路及重点、评审方法、评审人员、时间安排等。批量项目可在合理分类的基础上，制定整体评审方案，分类体现上述要素。

3. 实施评审

根据评审方案，实施项目预算评审。项目预算评审主要是对项目完整性、必要性、可行性以及预算合理性进行全面审核。

不同评审人员按照任务分工进行评审。评审中心工作人员主要负责评审业务联系、沟通协调、政策把握、评审进度控制、评审结论复核、事务所人员以及行业专家管理等组织管理工作。行业专家主要利用自身专业优势，评审项目的必要性和可行性，审核项目实施方案和绩效目标的合理性，以及项目预算与项目实施方案及目标的匹配性等。中介机构人员则主要负责审核项目资料和预算的完整性，核实工作量、材料与设备市场询价，以及资料收集整理等预算评审的基础性工作。

项目预算合理性的评审方法主要有：已经制定相关支出标准的，按标准核定，如办公家具配备标准、会议费标准、培训费标准、出国费标准等；材料、设备等价格，通过市场询价确定；对于工程修缮类项目，其可以按照工程造价审核的方法通过识图算量、套用定额和市场价格确定；需要调整项目实施方案的，可在通过评审专家的专业审核，形成专家意见后，按专家意见相应调整预算。

评审过程中要形成评审工作底稿，评审工作底稿应包括评审事项、审核过程、审核依据、审核结论、编制人及编制日期等内容，重大事项工作底稿还需附原始凭证或取证材料。同时，要做好评审工作底稿的复核工作。

评审中可建立重大事项会商机制，对项目进行充分讨论，必要时可进一步聘请专家进行咨询。项目评审负责人要做好沟通协调，以及质量、进度控制等工作，并对初步评审结论进行复核。在此基础上，与项目申报单位交换意见，并根据交换意见情况，对初步评审结论进行调整，形成最终评审结论，由项目申报单位签署意见、盖章。

4. 报告撰写与稽核

评审报告主要围绕评审内容展开，一般应包括基本情况、评审结论、问题和建议，如有特殊情况需要说明的，可在报告中体现。

基本情况是对项目情况的介绍，包括项目背景、项目内容、项目申报预算、项目实施周期等，延续性项目还应包括以前年度预算批复及执行情况。

评审结论主要包括对项目完整性、必要性、可行性和合理性以及绩效目标的评审意见。关于预算调整情况，应在合理归类的基础上，对预算调整内容、调整原因等进行准确描述。

问题和建议主要是指评审中发现的项目申报、预算编制和管理等方面存在的问题及建议，问题的定性应准确，建议应具有针对性。

此外，应建立评审稽核机制，做好评审报告的内部稽核工作，对评审结论的客观公正性和科学合理性，以及评审报告的完整性和表述的准确性进行稽核。

5. 出具报告和案卷归档

根据稽核意见对评审报告进行修改完善，按照规定程序报有关部门。同时，及时整理项目评审资料，按规定将工作底稿、评审报告等整理归档。

（二）预算评审的方式

根据预算管理级次的不同，各部门可实行集中评审或分级评审，具体形式由部门自行确定。根据不同类型项目的特点，可采取由部门所属评审机构、委托有相应资质的社会中介结构或组织专家组评审等方式开展预算评审。对技术性、专业性较强的项目，原则上应委托专业评审机构评审。委托社会中介机构评审的，要根据政府购买服务的要求，按照政府采购法规定的方式确定承接主体，签订委托合同。组织专家组评审的，原则上应设立专家库并从中随机抽取符合相关专业要求的专家。财政部的评审工作主要由预算评审中心和财政部驻各地监管局承担。

第四节 项目库管理

一、项目库管理的概念与内容

（一）项目库管理的概念

按照支出的管理要求划分，部门预算支出可分为基本支出和项目支出。

基本支出是指各部门、各单位为保障其机构正常运转、完成日常工作任务所发生的支出，包括人员经费和公用经费。人员经费主要是指维持机构正常运转且可归集到个人的各项支出，公用经费主要是指维持机构正常运转但不能归集到个人的各项支出。

项目支出是指各部门、各单位为完成其特定的工作任务和事业发展目标，在基本支出之外所发生的支出。包括基本建设、有关事业发展专项计划、专项业务费、大型修缮、大型购置、大型会议等项目支出。基本支出实行定员定额项目，项目支出实行项目库管理。

项目库管理是项目支出预算管理方式的一种革新。为适应政府预算从单纯的控制收支的工具向更加注重预算作为一种管理工具的转变，项目预算要由以往的"条目预算"制向"项目预算"制转变，主要目标是由传统的强调投入分配和支出保障功能，转向实现政府主要职能和中长期公共政策目标，突出预算的规划功能，发挥预算作为政策实施工具的作用。同时，促使各部门改善内部管理，转变行为方式，以更有效的方法和途径履行部门职责。

项目库管理，即对部门项目进行分类、分级管理，具体是将部门的具体项目按照部门职责、行业或领域规划、项目内容等归集，形成若干个相对稳定的支出项目。项目分类客观反映项目的本质特征，因此，可采取有针对性的管理方式，按轻重缓急安排预算。

（二）项目库管理的内容

1. 项目设置管理

科学规范设置项目，集中反映中央部门主要职责，具备可执行性，在保障运行维护合理需要的前提下，更加突出重点，聚集国家的重大改革、重要政策和重点项目，有效避免交叉重复。

中央部门预算项目要体现中央本级支出责任，由中央部门直接组织实施。完善项目生成机制，项目要在深入的政策研究和充分论证的基础上设立，并具备可执行性，预算批复后即可实施。

着力推进部门和行业规划的项目化，提高规划可实施性。项目内容要反映政府施政目标、部门主要职责和发展规划，避免与公用经费及其他项目交叉重复。

规范项目实施主体，部门预算项目实施主体为中央部门及所属单位，非部门所属单位不得作为项目的实施主体纳入部门预算。

要按"职责与经费相匹配"原则确定部门内部项目实施主体，一般不得将应由本级承担的项目列入下级单位预算，或将应由下级单位承担的项目列入本级预算，也不得将应由行政单位承担的项目列入事业单位预算。

2. 项目管理方式

（1）中央部门预算项目实行分级管理，即分为一级项目和二级项目两个层次。一级项目明细到支出功能分类的款级科目，按照部门主要职责设立并由部门作为项目实施主体，根据部门履行职能的需要设置并包含若干二级项目。一级项目要有明确的名称、实施内容、支出范围和总体绩效目标，项目数量要严格控制，项目名称、实施内容和支出范围等在年度间要保持相对稳定。二级项目的设立要与其对应的一级项目相匹配，要有充分的立项依据、具体的支出内容、明确合理的绩效目标。完善项目分类标准，构建多层次、多维度的分类体系，具体包括在现有项目基础上规范整合而成的项目和新设立的项目，立项单位为项目实施主体。二级项目也应明细到支出功能分类的项级科目，年初部门预算按二级项目批复，进而推进项目支出预算标准体系建设。

（2）按照使用范围，部门一级项目可分为通用项目和专用项目。通用项目，是指根据部门的共性项目设立并由各部门共同使用的一级项目。通用项目由财政部根据管理需要统一设立，主要包括有预算分配权部门管理的项目和归口管理的项目等。专用项目，是指部门根据履行职能的需要自行设立和使用的一级项目。专用项目由中央部门提出建议，报财政部核准后设立。

（3）按照项目的重要性，二级项目可划分为重大改革发展项目、专项业务费项目和其他项目三类。重大改革发展项目，指党中央、国务院文件明确规定中央财政给予支持的改革发展项目，以及其他必须由中央财政保障的重大支出项目等。专项业务费项目，指中央部门为履行职能，开展专项业务而持续、长期发生的支出项目，如：大型设施、大型设备运行费，执法办案费，经常性监管、监测、审查经费，以及国际组织会费、捐款及维和支出等。其他项目，指除上述两类项目之外，中央部门为完成特定任务需安排的支出项目。基本建设项目统一列为其他项目，并按管理主体分为国家发展改革委员会安排的基本建设项目、中央财政安排的基本建设项目和其他主管部门安排的基本建设项目。

除上述分类外，根据管理需要，中央部门和财政部可针对二级项目体系内容补充其他分类，并加以标识。

3. 项目库建设和管理

项目全部纳入项目库管理，做实项目库，充实项目储备，列入预算安排的项目必须从项目库中选取。入库项目必须有充分的立项依据、明确的实施期限、合理的预算需求和绩效目标等。纳入项目库的项目实行全周期滚动管理，建立中央部门项目库与财政部项目库的信息交流机制。

（1）关于项目库的构架和主要内容。中央本级项目库实行分层设立、分级管理。财政部、中央部门和所属单位按照项目管理的相关规定，分别设立项目库，对一级和二级项目进行维护和管理。财政部项目库由中央部门上报的项目构成；中央部门项目库由本级和下级单位上报的项目构成；基层单位项目库由本单位立项和实施的项目构成。

（2）关于项目库管理方式。中央部门和所属单位的项目库实行开放式管理。各单位可根据工作需要设置二级项目，审核后将项目纳入单位项目库，实时或定期上报，经逐级审核后纳入中央部门项目库，作为部门预算备选项目。编制年度部门预算和部门三年滚动规划时，结合财政部下达的支出控制数，中央部门在预算备选项目中择优选取项目报财政部，未纳入部门项目库的项目原则上不得向财政部申报。各部门申报项目汇总形成财政部项目库，作为财政部进行项目管理、审核年度部门预算和部门三年滚动规划的基础。中央部门和单位如需对已入库项目进行调整，须编制项目调整计划，按上述审核程序报批。

（3）关于项目滚动管理。以项目库为载体，实现项目的全周期滚动管理。

编制年度部门预算和部门三年滚动规划前,中央部门要完成项目储备工作,纳入部门项目库的项目需填写规范的项目文本,包括立项依据、实施主体、支出范围、实施周期、预算需求、绩效目标、可行性论证、评审结果等内容,作为项目审核和管理的依据。纳入预算安排的项目,中央部门和单位要在项目库中对项目的执行、调剂、结转结余、绩效等信息及时进行更新和维护。纳入预算安排的延续性项目,原则上滚动纳入下年度预算。未纳入预算安排的预算备选项目,可滚动进入以后年度项目库。

4. 项目预算评审和绩效管理

将项目评审嵌入预算管理流程,进入部门项目库的项目原则上都要组织评审。纳入财政部项目库的项目,由财政部根据管理的需要组织开展再评审。只有推进全过程项目支出绩效管理,加强绩效目标管理,开展绩效监控,实施绩效评价,才能进一步强化评价结果的运用。

5. 项目执行管理

硬化预算约束,执行中除救灾等应急支出外,一般不出台增加当年支出的政策,必须出台的政策纳入以后年度预算安排;必须追加当年预算的,首先通过调整部门当年支出结构解决。提前做好预算执行准备工作,加强执行监管,加快预算执行进度。建立预算执行与预算编制相结合的机制。

6. 项目中期财政规划管理

完善项目生成机制,将国家宏观政策和部门、行业发展规划落实到具体项目上,提高政策和规划的可实施性。部门、行业规划确定的项目要与中期财政规划相衔接,合理安排项目实施节奏和力度,促进政策与预算相结合,提高预算的前瞻性。

二、项目库管理的原则与方式

(一) 项目库管理的原则

项目库管理应遵循的原则为统一规划、分级管理。[①]

统一规划,是指由财政部统一制定中央部门项目库管理的规章制度、项目申报文本,统一设计计算机应用软件;国家税务总局系统的统一规划是指由国家税务总局统一制定项目库管理规章制度、项目申报文本,统一开发项目库应用软件。

---

① 国家税务总局财务管理司. 国家税务局系统部门预算管理 [M]. 北京:中国税务出版社,2014:91.

分级管理是指中央各部门和财政部分别按照规定对各自设立的项目库实行管理。[①] 国家税务总局系统的分级管理是指省级预算单位根据本省的总体规划和国家税务总局的有关规定，对本省的项目进行充分研究和论证，建立并管理省级项目库，并将选定的项目上报国家税务总局；国家税务总局对省级预算单位上报的各类项目，进行审核、筛选、分类、排序，建立国家税务总局项目库，并批复给省级预算单位执行。

（二）项目库管理的方式

项目库中的项目应按照轻重缓急进行合理排序，并实行滚动管理。

三、项目库管理程序

（一）项目申报管理

1. 项目支出预算的申报

按照财政部门分年度项目支出控制规模，部门根据项目的优先排序情况，将项目列入预算和规划中，向财政部门申报预算。

2. 项目库的申报

按照财政部门要求的分年度项目库控制规模（略高于年度项目支出规模），部门根据项目的优先排序情况，向财政部门申报项目。项目库的申报与项目支出预算的申报同步进行。申报的项目库中包含列入预算和规划的全部项目，其他未列入预算和规划的项目，根据优先排序情况选择申报。

（二）项目审核与评审管理

1. 项目审核和评审的程序

部门内部的项目审核和评审程序，由部门自行确定。部门应结合部门内部的预算分配机制，对审核和评审程序进行设计。预算审核可以采取逐级审核、分级审核或部门集中审核等方式。

2. 项目审核和评审的内容

部门审核和评审的内容主要包括完整性、必要性、可行性和合理性等方面。对应纳入评审范围的项目，评审的结果是项目审核信息的必要组成部分。

---

① 夏书章. 行政管理学（第6版）[M]. 广州：中山大学出版社，2018：160.

3. 项目审核和评审中的项目调整

在部门内部审核和评审过程中，如项目需要调整，可以由下级单位调整后重新上报，也可以由上级单位直接进行调整。项目的相关信息，最终以部门审核同意为准。

4. 项目排序

项目库中的项目应按照轻重缓急进行合理排序，并实行滚动管理。

（1）各部门应将行政工作任务和事业发展最重要、最紧迫的项目排在前面，而将其他项目排在后面。在项目库中，不仅要按照申报项目的先后顺序排序，而且也要按照政府预算收支科目类（款）进行排序。

（2）一般来说，各部门上报的项目预算，在项目的数量和金额规模上都是比较大的，就财政的财力来说，是无法满足的。因此，财政部门应该在财力可能的情况下，优先安排各部门履行行政职能和事业发展中最急需的项目，按照各部门申报项目的先后顺序和政府预算收支科目类（款）在项目库中分部门进行排序。

（三）项目支出预算管理

纳入项目库管理的项目都必须设定绩效目标，未按要求设定绩效目标或绩效目标不合理且未进行调整完善的，不得纳入项目库。纳入执行监控的项目，都应开展绩效监控，它是预算执行的重要组成部分。执行完毕的项目都要由项目承担单位对照事先设定的绩效目标开展绩效自评，在此基础上，中央部门和财政部门选择部分重大项目开展重点绩效评价，并积极推进中期绩效评价试点。绩效评价结果要与项目库建设和预算安排有机结合，健全项目退出机制。

（四）项目跟踪执行管理

严格按照预算批复的功能分类科目、用款计划、项目进度、有关合同和规定程序做好项目支出预算执行工作，涉及政府采购的应严格执行政府采购有关规定。硬化预算约束，年度预算执行中除救灾等应急支出和少量年初未确定事项外，一般不追加当年项目预算支出，必须出台的政策通过以后年度预算安排。如部门认为必须追加当年支出的，应首先在已批复的预算额度内，通过调整当年支出结构解决并按程序报批。加强预算执行监管，提高预算资金使用的规范性、安全性和有效性，并将预算执行结果与以后年度预算安排相结合。

第四章　预算绩效运行监控管理研究

通过对预算过程和结果的绩效监控，可以有效地监测项目的进展情况、完成情况和产生的社会效益。这些监测信息有助于及时发现实施情况与预定目标之间的差距，从而为预算的控制、调适和修正提供依据。本章将对预算绩效运行监控进行概述，进一步阐述预算绩效运行监控的实施步骤，围绕预算绩效运行监控的案例展开详细分析。

第一节　预算绩效运行监控概述

一、预算绩效运行监控的含义

预算绩效运行监控（以下简称绩效运行监控），是指财政部门和预算部门及其所属单位依照职责，运用科学、合理的绩效信息汇总分析方法，对财政支出的预算执行和绩效目标实现程度开展的监督、控制和管理活动。

二、预算绩效运行监控的原则

（一）"双监控"原则

预算绩效管理将绩效管理理念和方法引入"预算"全过程，实现预算与绩效管理的一体化，因此，绩效运行监控应该同时监控预算执行情况和绩效目标实现情况，实施"双监控"。

（二）权责统一原则

绩效运行监控作为预算执行环节的重要管理活动，要按"谁支出，谁负责"① 的原则开展绩效运行监控活动。预算部门和单位是绩效监控的责任主

---

① 佟博．关于强化财政预算绩效管理的思考［J］．中国集体经济，2019（2）.

体，承担具体的监控工作。财政部门发挥财政监督作用，同时会同各部门做好绩效运行监控结果的运用。

（三）突出重点原则

坚持全面论和重点论的统一，预算部门通过绩效运行监控覆盖所有的财政资金，财政部门在全面覆盖的基础上对重大政策和项目建立全过程绩效跟踪机制。

（四）统筹协调原则

在政府运作和政策执行过程中，行业主管部门、党委政府督查部门、人大、审计都会从各自的履职角度出发，对重大政策、投资和项目的实施展开监督，发挥一定的运行监控作用。为了避免交叉重复和力量分散，可以通过部门会商机制，形成绩效运行监控的政策和项目清单，统一方案、统一行动，形成监控合力，确保政策和项目有效执行。

三、预算绩效运行监控的内容

（一）绩效目标完成情况

1. 预计产出的完成进度及趋势，包括数量、质量、时效、成本等。
2. 预计效果的实现进度及趋势，包括经济效益、社会效益、生态效益和可持续影响等。
3. 跟踪服务对象满意度及趋势。

（二）预算资金执行情况

1. 预算资金拨付情况。
2. 预算执行单位实际支出情况。
3. 预计结转结余情况。

（三）重点政策和重大项目绩效延伸监控

必要时，可对重点政策和重大项目支出的具体工作开展、发展趋势、实施计划调整等情况进行延伸监控。具体内容包括：政府采购、工程招标、监理和验收、信息公示、资产管理以及有关预算资金会计核算等。

四、预算绩效运行监控的对象

按照绩效运行监控对象的差异，可以将绩效运行监控分为政策绩效运行监控和项目绩效运行监控。政策是党和国家为实现一定时期的路线而制定的一系列行动准则。正如公共政策学者戴伊所言："公共政策是关于政府所为和所不为的所有内容，它所关心的问题是政府行为涉及的许多内容"①。

财政支出政策是政策的一大类，"是政府根据党中央重大方针政策和决策部署、预算法等法律规定制定的财政支出安排措施，包括财政支出的方向、规模、结构和管理制度等"②。财政支出政策在实施过程中会以若干层级项目的形式呈现出来。

（一）政策绩效运行监控

政策绩效运行监控，亦称战略运行监控，是对战略或政策目标和预算执行信息的收集、分析、纠偏，以及对方案在执行阶段是否有所缺失，行政机关的作业流程是否有效率，资源分配是否经济，政策执行人员的态度及其所运用的标的团体是否恰当的分析、研判和纠偏。

政策绩效运行监控可以看作是管理控制的一部分。通常，从政策的最初实施到最终实现预期目标需要投入大量资源，展开大量的活动，同时组织外部环境和组织内部都会发生变化，因此组织领导者有必要通过持续的绩效监测和评估，系统地检查、评价和控制政策实施过程，从而实现政策与内外部环境的契合。

1. 政策监督

政策监督是用来监视组织内外部的影响因素，这些因素可能造成对政策实施过程的干扰。政策监督主要是对政策的促进和阻碍因素加以甄别、判断。政策监督活动应当尽可能地保持一种"非集中状态"，它应该是一种宽松的、不间断的"环境扫描"活动。

2. 政策实施控制

政策的实施通常按照既定的、系统的步骤展开，包括进行计划、投资、执行特殊计划、职能部门发起与政策相关的活动、增加或调动重要的人员以及促进资源流动等活动。

政策实施的控制必须在政策执行的过程中进行，其目的是根据政策实施活动所导致的结果来判断是否应该对整体政策做出改变。它有两种基本形式：监控政策重点任务和里程碑审查。

---

① 胡玉鸿，钟毅. 公共政策与利益衡量 [J]. 东吴法学，2009（1）.

② 中国法制出版社. 中华人民共和国反贪反腐法律法规全书（含党规党纪），2019年版，[M]. 北京：中国法制出版社，2019：270.

第一，监控政策重点任务。政策任务本身是一个有机系统，具备相对稳定的结构，有整体和局部、主要环节和次要环节之分。对政策过程进行监测可聚焦政策的重要部分和环节，这就要求在政策规划阶段就对政策成功实施的重点进行甄别并达成共识，在实施过程中着重观察政策重点的实际状况。

第二，里程碑审查。管理者常常试图识别出在政策实施期间能到达的重要里程碑。这些里程碑可以是关键的事件、主要的资源分配，或政策进程中的时间节点。里程碑审查通常需要全方位地对政策进行重新评价，并决定组织的方向是否需要调整。

政策绩效运行监控包括三项基本活动：第一，检查政策的内在基础；第二，比较实际结果和预期结果；第三，采取纠正措施。实施政策控制也能通过运作控制系统来进行，比如预算、进度和关键成功因素等。设立绩效标准、衡量实际绩效、分析并纠正偏差、采取改善措施是建立有效控制系统的基本步骤。

在实践中，全面质量管理（TQM）和公共部门平衡计分卡是被广泛运用的政策监测评估工具。全面质量管理聚焦于政策实施过程中的业务运行监控。公共部门平衡计分卡需要对平衡计分卡通用模板进行调整，将顾客或者利益关系人移到最上层，突出公共部门的特殊使命，并且兼顾公共部门的其他关键层面，在完成公共部门使命的同时保证执行的有效性，它是政府政策运行监控的重要方法。

此外，定期召开运营回顾会议和政策回顾会议是对政策进行有效监控的重要方法。一般来说，运营回顾会议是以周或月为单元召开的，主要聚焦部门内部政策事项的日常实施状况。政策的日常运行情况通过运营指标来观察，运营指标是一种持续的政策监测指针。政策回顾会议以月度或季度为单元召开，对有关政策的跨流程、跨部门的重要事项进行深入交流讨论，根据实际需要对政策绩效准则和指标进行必要调整。

政策的绩效运行监控不但可以用于了解执行政策者尽职的程度，而且它在管理的功能上也扮演着重要的角色。许多政策并未按原来设计的内容执行。影响政策执行的因素包括很多：执行人员与设备不足；执行人员受政治或其他外在因素阻挠，无法按目标执行；执行人员欠缺执行任务的知识；标的团体难以确定或不合作。这些影响因素都可以作为管理措施修正的依据，我们可以借此探讨管理上的一些问题：政策执行时可能遭遇的问题及解决策略；决定政策执行的可行性；执行人员需要的能力与条件；在政策执行过程中，如有其他因素影响，应如何调整政策内容，以达成政策目的。

从政策执行的角度出发，可以总结出政策运行监控的基本框架。该框架包括以下内容。

（1）内容摘要。内容主要说明政策执行运行监控的对象。包括政策名称、进行评估的理由、评估后的主要发现和建议。

（2）政策背景与政策环境。意在描述政策形成的过程、要达到的目标，以及可利用的资源。其详细的区分包括政策背景、政策渊源、政策目标、历史背景、政策的标的团体以及行政措施与安排。

（3）既定政策的主要特性。包括政策执行计划的内涵，执行时所用的材料，负责执行的人员，标的团体的情形以及执行的进度等。

（4）描述执行评估。这个部分主要讨论评估的政策活动，包括执行评估的重点、执行评估的环境，也就是了解原定政策与执行的政策是否相符合，以及是否有时间或经费上的限制。

（5）结论与相关考虑。主要内容包括每个地方是否按照计划与标的团体的期望执行，哪些政策要素需要删除或修正，所有资源分配是否恰当，执行活动是否适合政策目的，标的团体的参与以及执行人员遵守规则与负责的情形。

（二）项目绩效运行监控

项目绩效运行监控是在项目的实施阶段，根据项目预期目标，从经济效益与社会效益兼顾的整体角度出发，对项目的设计、计划、实施等环节进行全方位的监测、论证和评价，从而做出综合判断，为项目发展提供可靠的处理依据。

目标控制是项目管理的核心任务[①]，项目开展的所有相关工作都是为了实现对目标的有效控制。项目的绩效运行监控主要就是规范项目实施行为，避免问题的出现，确保能够顺利实现项目目标。

针对项目进行的绩效运行监控，主要包括范围监测、时间与进度监测、质量控制、风险控制等方面。

1. 项目范围监测

项目的范围监测包括项目最终产品或服务以及提供产品或服务的各项具体工作。相对来说，项目涉及的利益关联者复杂，项目工期长，投资额度大，在长期的项目实施过程中，造成范围变更的因素错综复杂，因此项目范围的调整往往会导致项目时间和项目支出等方面的变化。保证项目范围的合理性，防止出现不必要的范围扩张，是项目监测评估的关键任务。因此，在项目设计之初就应该明确界定整个项目的范围，并建立一套完善的项目变更的监测评估管理流程。

2. 项目时间与进度监测

项目时间与进度监测主要是指保证项目按照预先设定的时间期限完成项目

---

① 马阮莉. 浅谈建筑工程管理中创新模式的应用［J］. 环球市场，2016（33）.

各阶段的任务，确保项目整体工作协调有序开展并如期完成。在项目时间与进度监测评估中，项目管理者应明确计划进度的关键时间节点，并对各个细分的工作任务进行跟踪，将实际进展与计划进度进行比较，监测项目工作的日程和预算执行情况。在监测过程中，一旦发现实际情况与计划不符，即出现时间偏差时，必须认真分析寻找其成因，并评估其对后续工作产生的影响，进而及时采取必要的调整措施。

3. 项目质量监测

项目质量管理是在项目质量方针政策和标准规范等制度框架下，对项目本身及其产品和服务的质量进行持续的计划、执行、监测和改进的过程。质量监测和评估是质量管理体系的重要组成部分，也是保障项目质量品质的主要手段。开展质量监测和评估应具有持续性，需随着项目进程跟踪检测，并记录项目执行活动的质量结果，分析造成项目低效和质量不佳的问题及其原因，通过采取质量改进措施来提升项目品质。

在评估时，需要兼顾项目管理和项目产品两个方面，质量标准既包括项目过程的质量标准，也包括项目产品的质量标准。质量监测评估的方法主要有控制图法、核验清单法等。

4. 项目风险监测

风险监控伴随着整个项目的实施过程，包括风险监测和风险控制两层含义，它是对项目风险状况进行持续监测评估并加以控制的过程，主要工作包括建立项目风险评估与控制制度，跟踪已识别的风险，监视残余风险，识别新出现的风险，完善风险管理计划，不断减轻风险等级，确保项目安全等。在项目生命周期中，风险的形成既有规律性，也有偶然性，因而，风险监控应该定期或不定期地进行。风险监控的主要方法和技术包括：项目风险应对审计、定期项目评估、净值分析、技术因素度量、附加风险应对计划、独立风险分析等。

第二节　预算绩效运行监控的实施步骤

一、预算绩效运行监控的规划

（一）做好监控准备

在建立监控体系之前，了解政府是否已经具备条件建立、运用并持续实施监测与评价体系，这就是监控准备。监控准备需要关注监控的动机和需求、职责人的分工和机构能力等。首先要明确绩效运行监控的意图，清晰界定监控的对象。

监控目的主要包括以下几个方面。

（1）服从。用以监测政策执行主体是否忠实地执行政策制定者的意愿和目标。

（2）审计。用以监测公共政策的标的团体是否真正得到了政策所进行的利益、资源和服务分配。

（3）会计。在政策执行过程中，发布经济社会统计指标和信息。

（4）解释。通过对政策过程的监测，解释政策结果产生的原因及政策成败的原因。

除此之外，还需要进一步审视绩效运行监控的能力储备。常见的能力包括项目计划和管理能力、数据分析能力、制定项目和计划目标的能力、预算管理能力、绩效审计能力。

（二）形成成效共识

绩效运行监控要以结果为导向，设定成效是建立以结果为导向的监控体系的一个重要环节。该体系从本质上说是一个推断过程，要从成效的设定中推断出投入、活动以及产出。形成成效共识的程序主要包括如下内容。

（1）确定具体利益相关者代表；

（2）确定利益群体的主要观点；

（3）将问题转化为积极成效；

（4）分解抓住关键成效；

（5）确定计划评价政府或组织如何达成成效。

（三）开发监控指标体系

成效指标是对成效的量化描述。比如"改善国内儿童的学前教育状况"是成效，衡量这一成效的指标则可以设置为"城市适龄儿童接受学前教育的比率；农村适龄儿童接受学校教育的比例"。设置成效指标应该同时满足 CREAM 原则，即清晰性（Clears），准确而不含糊；相关性（Relevant），与当前目标相适应；经济性（Economic），成本控制在合理的范围内；充足性（Adequate），为评价绩效提供大量依据；可监测性（Monitorable），能够独立考核。

设置成效指标的时候，除了独立开发以外，还可以使用代理指标和预设指标。代理指标是在找不到合适的直接指标、数据成本过高、定期收集数据不可行的情况下，可以采用一些相关的替代指标。预设指标则是事前设定的、已经被人们广泛采用的成熟指标。

完成上述工作后，需要制定绩效运行监控的实施计划，它包括时间进度、人员配置和成本核算等方面的内容。

二、预算绩效运行监控的实施

(一) 建立绩效运行的组织体系

合理划分绩效运行监控的责任主体是绩效运行监控的关键。

1. 财政部门职责

(1) 建章立制。财政部门制定绩效运行监控的制度和工作规范，为部门 (单位) 开展绩效运行监控提供基本框架和指导原则。

(2) 指导监督。对预算部门的绩效监控进行总体组织和指导，通过监督、检查等方式监督和指导部门 (单位) 开展绩效监控。

(3) 开展重大政策和项目的监控。财政部门独立或者会同其他各部门开展重大政策和项目的绩效运行监控。

(4) 督促绩效监控结果应用。财政部门对存在严重问题的政策、项目要暂缓或停止预算拨款，督促其及时整改落实。对绩效好的政策和项目原则上优先保障，对绩效一般的政策和项目要督促改进，对交叉重复、碎片化的政策和项目要予以调整，对低效无效资金一律削减或取消，对长期沉淀的资金一律收回，并按照有关规定统筹用于急需支持的领域。

(5) 应当履行的其他绩效监控职责。

2. 预算部门 (单位) 的职责

各部门各单位是实施预算绩效监控的主体。主要职责如下。

(1) 组织实施。预算部门 (单位) 根据本单位的实际和特点，制定本部门 (单位) 绩效运行监控的实施办法和细则，为开展绩效运行监控提供组织、管理和技术方面的指导。主管部门牵头负责组织本部门开展预算绩效监控工作，对所属单位的绩效监控情况进行指导和监督，明确工作要求，加强绩效监控结果应用等。按照要求向财政部报送绩效监控结果。

(2) 开展日常监控。按"谁支出，谁负责"的原则，预算执行单位 (包括部门本级及所属单位) 负责开展预算绩效日常监控，并定期对绩效监控信息进行收集、审核、分析、汇总、填报；分析偏离绩效目标的原因，并及时采取纠偏措施。

(3) 整改落实。接受财政部门和相关部门的监督检查，根据整改意见，完善预算支出管理和绩效管理。

3. 第三方参与

对于任务繁重、技术复杂的项目，财政部门可委托专家、中介机构等第三方具体实施。

（二）确定绩效运行监控的方式

1. 日常跟踪

日常跟踪是指预算部门（单位）在预算执行过程中，不定期对预算执行和绩效情况进行的监督、检查和审查活动。一般要求财政部门会同其他各部门（单位）对重点项目实施全过程日常运行监控，及时发现问题，及时调整、纠正。

2. 半年总结分析

半年总结分析是指预算部门（单位）根据项目特点和绩效目标的重要程度，根据日常跟踪情况，每半年对部门（单位）整体和项目财政支出情况进行的总结分析。总结分析结果需要报送财政部门，并接受财政部门监督检查。比如财政部关于印发《中央部门预算绩效运行监控管理暂行办法》的通知要求：每年 8 月，中央部门要集中对 1~7 月预算执行情况和绩效目标实现程度开展一次绩效监控汇总分析，具体工作程序如下。

（1）收集绩效监控信息。预算执行单位对照批复的绩效目标，以绩效目标执行情况为重点收集绩效监控信息。

（2）分析绩效监控信息。预算执行单位在收集上述绩效信息的基础上，对偏离绩效目标的原因进行分析，对全年绩效目标完成情况进行预计，并对预计年底不能完成目标的原因以及拟采取的改进措施做出说明。

（3）填报绩效监控情况表。预算执行单位在分析绩效监控信息的基础上填写《项目支出绩效目标执行监控表》，并作为年度预算执行完成后绩效评价的依据。

（4）报送绩效监控报告。中央部门年度集中绩效监控工作完成后，及时总结经验、发现问题、提出下一步改进措施，形成本部门绩效监控报告，并将所有一级项目《项目支出绩效目标执行监控表》于 8 月 31 日前报送财政部对口部门司和预算司。

（三）收集指标的基线数据和现实数据

基线数据是项目实施之前各项指标的起点数据和参照数据。在为每一个指标建立基线数据的时候，要重点关注数据的来源、数据收集的方法、谁负责数据的收集、数据收集的频率、收集数据的成本和难度、谁负责分析数据、谁负责报告数据、谁将使用数据等问题。

数据收集的方法是多元的，包括观察、访谈、问卷、量表、统计资料、样本调查、现场试验等各类获取数据的方法。表4-1给出了绩效运行监控基线数据的设定示例。

表4-1　绩效运行监控指标的设置示例

成效	指标	基准	具体目标
使全国更多的儿童加入学前教育计划	1. 城市适龄儿童接受学前教育的比例 2. 农村适龄儿童接受学前教育的比例	1. 1999年，3～5岁儿童的入学率为75% 2. 2000年，3～5岁儿童的入学率为40%	1. 到2006年，3～5岁儿童的入学率为85% 2. 到2006年，3～5岁儿童的入学率为60%

三、预算绩效运行监控报告和结果运用

(一) 预算绩效运行监控报告

绩效运行监控报告包括正文和附件两部分，报告应当依据充分、真实完整、数据准确、客观公正。绩效运行监控的报告正文应当包括以下主要内容。

(1) 绩效运行监控工作组织实施情况；

(2) 年度预算执行情况；

(3) 绩效目标完成情况；

(4) 存在的问题及原因分析；

(5) 下一步改进的工作建议；

(6) 其他需要说明的问题。

(二) 预算绩效运行监控结果应用

绩效运行监控结果应用包括以下两个方面。

1. 财政部门

财政部门在绩效监控结果应用中主要职责如下。

(1) 财政部门将绩效监控结果作为以后年度预算安排和政策制定的参考。

(2) 对中央部门绩效监控结果进行审核分析，对发现的问题和风险进行研判，督促相关部门改进管理，确保预算资金安全有效，保障党中央、国务院重大战略部署和政策目标如期实现。

(3) 绩效监控工作情况是中央部门预算绩效管理工作考核的内容。

(4) 将是否开展绩效运行监控作为实施财政绩效评价的重要参考因素。

2. 预算部门

预算部门通过绩效监控信息深入分析预算执行进度慢、绩效水平不高的具体原因，对绩效监控中发现的绩效目标执行偏差和管理漏洞，应及时采取分类处置措施予以纠正。

第一，对于因政策变化、突发事件等客观因素导致预算执行进度缓慢或预计无法实现绩效目标的情况，要本着实事求是的原则，及时按照程序调减预算，并同步调整绩效目标。

第二，对于绩效监控中发现的严重问题，如预算执行与绩效目标偏离较大、已经或预计造成重大损失浪费或风险等情况，应暂停项目实施，按照有关程序调减预算并停止拨付资金，及时纠偏止损。对绩效监控过程中发现的财政违法行为，应依照《中华人民共和国预算法》《财政违法行为处罚处分条例》等有关规定追究责任，报送同级政府和有关部门作为行政问责的参考依据；发现重大违纪违法的问题线索，应及时移送纪检监察机关。

第三节　预算绩效运行监控的案例分析

以上海市嘉定区 2017 年美丽乡村建设村庄改造项目绩效运行监控评价报告为例，深入分析预算绩效运行监控的基本内容。

根据《上海市村庄规划编制和管理导则（试行）》要求，村庄应综合部署各类公共服务设施、道路交通设施、市政设施，引导生产、生活、生态空间的合理布局，形成符合当地特点，与经济社会发展水平相适应的村庄环境。为加快推进上海市城乡一体化建设，促进乡村地区经济社会发展，结合上海市村庄规划试点工作和美丽乡村建设要求，引导曹王村和伏虎村村庄合理发展，指导村庄具体建设。规划按照新型城镇化和上海美丽乡村建设的要求，结合曹王村和伏虎村的核心特征及问题，统筹村域生产、生活和生态，探索上海市郊工业化、集镇居住点村庄转型升级发展的新模式、新机制。徐行镇《美丽乡村建设村庄改造项目》包括曹王村村庄改造工程和伏虎村村庄改造工程。

一、项目基本情况

（一）项目名称

项目名称：美丽乡村建设村庄改造项目。

（二）项目起止日期

2016 年 4 月 18 日至工程竣工验收。

工期及各阶段的进度节点要求以会议纪要方式确定伏虎村村庄改造工程正处在招投标阶段，还未施工。

项目跟踪日期：2017 年 8 月 1 日—2017 年 9 月 20 日。

（三）项目主要内容

徐行镇《美丽乡村建设村庄改造项目》包括曹王村村庄改造工程和伏虎村村庄改造工程，工程主要内容如下。

1. 曹王村工程主要内容

根据村域内实际交通需求，对村域内相关村庄主路、村庄支路、宅间道路和桥梁进行改造升级，主要涉及华东组、俞村组、西巷组、陈吕组、东巷组、镇南组、吕家组、梅园组、戴家组、北戴组、唐家组、刘厅组对外交通道路及桥梁。改造后村庄主路路面宽度将达到 5.5 m，村庄支路路面宽度将达到 4.5~5 m，宅间路路面宽度将达到 2.5~3 m，基本能满足村民日常出行需求。

为满足村民对村域内公共服务设施的需求，对村域内现有公共服务设施进行改造升级，对村委会等进行建筑和绿化改造升级，保证人口比较集聚的村民小组基本配置文化活动室、体育健身点和便民店。

对村域内现有公厕和垃圾收集点进行改造升级，并在人口密集的村组内新建公厕和垃圾收集点。村内公厕建设标准为二级及以上，并需配备无障碍通道和厕位，与周围建筑物距离不小于 5 m，同时设置不小于 3 m 的绿化隔离带。

2. 伏虎村工程主要内容

该项目道路改造包括村主路 9 条，村支路 35 条以及宅间路若干，道路全长为 13.36 km，其中村主路车行道宽度 4~5 m，道路长度 5 115 m，车行道面积 22 410 m²；村支路车行道宽度 2.5~4 m，道路长度 6 240 m，车行道面积 18 790 m²；宅间路宽度 1~1.5 m，道路长度 2 000 m，面积 2 500 m²。新建桥梁 5 座，其中伏耀路 1 号桥、2 号桥、3 号桥和南河塘桥均为单跨 13 m，桥梁宽度 5.6 m；顾家宅桥单跨 10 m，桥梁宽度 4.6 m。新排 DN300-DN600 雨水管 3 650 m，砖砌窑井 140 座，新建雨水连管及雨水口 344 m、出水口 16 座，同步实施道路照明、绿化、交通设施附属工程。

（四）项目资金投入安排情况

1. 项目初期预算及资金来源

项目初步预算经费为 4 878 万元左右，其中曹王村村庄改造工程总预算

2 892万元，嘉定区财政资金预算 2 410 万元，徐行镇财政资金预算 482 万元；伏虎村村庄改造工程总预算 1 986 万元，嘉定区财政资金预算 1 655 万元，徐行镇财政资金预算 331 万元。

2. 预算调整情况

项目初步预算经费为 4 878 万元左右，其中曹王村村庄改造工程总预算 2 892万元，调整后嘉定区预算 1 209.39 万元，调整后徐行镇预算 482 万元；伏虎村村庄改造工程总预算 1 986 万元，调整后嘉定区预算 2 551.7 万元，调整后徐行镇资金预算 450.3 万元。

3. 预算资金执行率

截至跟踪日期（2017 年 9 月 20 日），徐行镇《美丽乡村建设村庄改造项目》涉及的曹王村村庄改造工程已 100%完成并通过工程竣工验收，目前处于工程审计阶段，伏虎村村庄改造工程目前处于招投标阶段，资金使用主要用于支付工程前期费用。

二、项目组织实施情况

（一）项目组织情况

1. 曹王村村庄改造工程参建单位及职责

主管部门：上海市嘉定区徐行镇人民政府，统筹协调该工程全过程管理，负责编制年度总计划，筹措装修工程建设资金，及时拨款给相关单位，督促工程进度。

项目单位：徐行镇村镇规划建设管理办公室，文案管理、统筹协调其行政区域内装修过程及全过程的监督与管理。

施工单位：上海缘菊市政工程有限公司，《主要施工方案与技术措施》主要包括道路桥梁改造、宅间路灯改造、文化活动室改造、宅间排水管道改造等工程施工。

监理单位：上海嘉誉工程监理有限公司，施工图所含的工程量，工程质量、进度、投资（工程量）控制，安全、资料管理，现场工作协调。

设计单位：上海江南建筑设计院有限公司，美丽乡村建设村庄改造项目全套施工图。

招标代理单位：上海定佳商务咨询有限公司，主要负责招标咨询及策划、协助嘉定区徐行镇人民政府审查投标人资格、编制招标文件、组织踏勘现场和澄清答疑，组织招标的开标、评标、决标、办理中标通知书等。

2. 伏虎村村庄改造工程参建单位及职责

主管部门：上海市嘉定区徐行镇人民政府，统筹协调该工程全过程管理，负责编制年度总计划，筹措装修工程建设资金，及时拨款给相关单位，督促工程进度。

项目单位：徐行镇村镇规划建设管理办公室，文案管理、统筹协调其行政区域内装修过程及全过程的监督与管理。

设计单位：上海江南建筑设计院有限公司，美丽乡村建设村庄改造项目全套施工图。因工程处于公开招标阶段，其他参建单位待定。

(二) 项目管理情况

曹王村村庄改造工程：上海缘菊市政工程有限公司在中标后第一时间成立了项目经理制领导小组，制定《主要施工方案与技术措施》，主要包括道路桥梁改造、宅间路灯改造、文化活动室改造、宅间排水管道改造等工程施工方案，科学合理地安排施工工序和施工进度，同时制订了配套的项目管理制度、财务管理制度，详情见表4-2。

表4-2　上海缘菊市政工程有限公司项目管理制度、财务管理制度

所属项目类型	制度名称	主要用途
项目管理制度	技术管理制度	图纸会审、技术交底，施工组织
	质量管理制度	工程各节点检验
	进度管理制度	施工进度计划与控制及实施
	安全生产管理制度	施工现场对于安全的检查
	材料管理制度	材料采购及验收
	工程项目经理安全生产岗位责任制	保障项目生产安全
	项目部技术人员、安全员、施工员、质量员、材料员、资料员、安全生产岗位责任制	
财务管理制度	出纳管理制度	做好出纳账目
	会计管理制度	对专项资金使用的跟踪监督

伏虎村村庄改造工程：项目整体由徐行镇人民政府主管，委托徐行镇村镇规划建设管理办公室进行村庄改造工程实施，截至跟踪日期（2017 年 9 月 20日），项目处于公开招标阶段。

（三）项目实施情况

曹王村村庄改造工程：通过委托第三方招标代理公司（上海定佳商务咨询有限公司）公开招标，确定上海缘菊市政工程有限公司为徐行镇曹王村村庄改造工程施工单位，项目实施过程中有项目单位、监理单位等监管，确保了工程进度和质量，同时制定了一些管理制度、工作程序和财务办法，申报审批管理严格、资金使用规范，财务凭证完整、符合财务管理要求，资金使用规范，不存在挪用、拖欠等现象，形成了较好的项目运作机制。

伏虎村村庄改造工程：嘉定区徐行镇村镇规划建设管理办公室向嘉定区提交"伏虎村村庄改造工程项目建议书、可行性研究报告、初步设计"，报告中明确了项目名称、地理位置、建设内容、项目总投资、资金来源等，并取得《关于上海市嘉定区徐行镇伏虎村道路交通设施改造工程可行性研究报告（含概算）的批复》（嘉发改审项［2017］67号）文件，截至跟踪日期（2017年9月20日），项目处于公开招标阶段。

三、项目绩效情况

（一）项目产出目标、效果目标的实现情况

项目能够按照嘉定区徐行镇美丽乡村建设村庄改造项目建议书、可行性研究报告及相关标准开展各项工作，整体开展顺利，项目跟踪日期为2017年8月至2017年9月，跟踪期间项目目标实现情况如表4-3所示。

表4-3　项目目标实现情况

一级目标	二级目标	三级目标	三级目标值	目标完成（截至跟踪日期）
产出目标	质量目标	符合上级政策标准	按照相关政策文件，完成村庄改造项目所有工作	按照相关政策文件，完成村庄改造项目所有工作
	数量目标	区、镇财政资金到位率（曹王村）	100%	100%
		区、镇财政资金到位率（伏虎村）	100%	100%
		道路桥梁改造完成率（曹王村）	100%	100%
		宅间路灯改造完成率（曹王村）	100%	100%

一级目标	二级目标	三级目标	三级目标值	目标完成（截至跟踪日期）
产出目标	数量目标	文化活动室改造完成率（曹王村）	100%	100%
		宅间排水管道改造完成率（曹王村）	100%	100%
		道路工程改造完成率（伏虎村）	100%	0
		桥梁工程改造完成率（伏虎村）	100%	0
		排水工程改造完成率（伏虎村）	100%	0
		附属工程改造完成率（伏虎村）	100%	0
		预算资金执行率（曹王村）	90%	
		执行率100%	108.08%	
		预算资金执行率（伏虎村）	90%	
		执行率100%	1.07%	
		城乡一体化建设提升情况	100%	100%
		村民满意度	90%及以上	/
		项目留有工程结算造价5%的质量保修金	项目留有工程结算造价5%的质量保修金以及预备费用于后期维护	项目留有工程结算造价5%的质量保修金以及预备费用于后期维护

（二）项目绩效情况分析

1. 曹王村村庄改造工程

（1）曹王村村庄改造工程依据《关于下达2015年村庄改造项目建设计划的通知》（嘉美村办〔2015〕6号）通知文件要求，及时组织并开展了村庄改造项目建设计划。

（2）曹王村村庄改造工程配套的区、镇两级财政补贴资金到位及时，保障了项目的顺利实施。

（3）曹王村村庄改造工程整体施工在上海市嘉定区徐行镇规划建设办公室、投资监理、工程监理等多方的监督下进行，保障了项目的进度和完成质量。

2. 伏虎村村庄改造工程

（1）伏虎村村庄改造工程依据《关于上海市嘉定区徐行镇伏虎村道路交通设施改造工程可行性研究报告（含概算）的批复》（嘉发改审项［2017］67号）批复文件执行，项目立项依据充分。

（2）伏虎村村庄改造工程目前正在进行招投标工作。徐行镇《美丽乡村建设村庄改造项目》改造规划按照新型城镇化和上海美丽乡村建设的要求，改造完成后，将统筹村域生产、生活和生态，加快推进上海市城乡一体化建设，促进乡村地区经济社会发展，提高村民满意度。

（三）项目实际绩效与目标的差异情况

1. 曹王村村庄改造工程

（1）曹王村村庄改造工程区财政预算调减 1 200.61 万元，调整后曹王村村庄改造工程总预算为 1 691.39 万元（区财政 1 209.39 万元、镇财政 482.00 万元）。

（2）截至跟踪日期（2017 年 9 月 20 日），曹王村村庄改造工程实际使用资金为 1 828.13 万元，资金使用率 108.08%。

2. 伏虎村村庄改造工程

（1）伏虎村村庄改造工程区财政预算调增 896.70 万元，镇财政预算调增119.30 万元，调整后伏虎村村庄改造工程总预算为 3 002.00 万元（区财政2 551.70 万元、镇财政 450.30 万元）。

（2）截至跟踪日期（2017 年 9 月 20 日），伏虎村村庄改造工程实际使用资金为 32 万元，资金使用率 1.07%。

偏差原因：曹王村村庄改造工程项目前期规划不足，工程预算由初期的2 892万元调减为 1 691.39 万元，截至跟踪日期（2017 年 9 月 20 日）正在进行工程审计工作，审计完成后，各项费用均按审计报告支付；伏虎村村庄改造工程目前处于公开招标阶段，资金主要用于工程前期费用。

四、问题、纠偏措施和建议

（一）主要问题

曹王村村庄改造工程预算调整变动较大，资金执行超项目预算资金。曹王村村庄改造工程初期总预算为 2 892 万元，区财政预算调减 1 200.61 万元，调整后曹王村村庄改造工程总预算为 1 691.39 万元（区财政 1 209.39 万元、镇财政 482.00 万元），截至跟踪日期（2017 年 9 月 20 日），曹王村村庄改造工程实际使用资金为 1 828.13 万元,资金使用率 108.08%。

伏虎村村庄改造工程预算调整变动较大,工程进度相对较慢,预算资金执行率较低。伏虎村村庄改造工程初期总预算 1 986 万元,区财政预算调增 896.70 万元,镇财政预算调增 119.30 万元,调整后伏虎村村庄改造工程总预算为 3 002.00 万元(区财政 2 551.70 万元、镇财政 450.30 万元),截至跟踪日期(2017 年 9 月 20 日),伏虎村村庄改造工程于 2016 年已经使用了 32 万元用于工程前期费用,预算资金使用率 1.07%,目前处于公开招标阶段,整体实施进度相对较慢。

(二)改进措施

1. 科学、合理编制项目预算,缩小预算与执行之间的误差

建议项目单位在编制预算时,严格按照财政要求,做到支出明细化,将每项支出内容明细化到具体的数量(工作量)、单价、支出总额、资金来源等,以便明确资金的具体用途和使用方向,为预算编制提供充分的测算依据,提高预算编制的规范性,结合上年度预算执行情况,可预见性地编制 2017 年预算,资金执行超出预算资金时,应及时申请调增预算并配有相关材料,尽量提高运算的精准度和吻合度,保障项目顺利完成。

2. 项目单位应加强项目立项前的规划管理,制定更精准的工作计划

在对项目进行充分、细致规划的前提下,项目单位在取得工程相关批复文件后,尽早委托第三方招投标代理单位组织公开招标开展村庄改造工程,按施工进度计划及时支付资金,提高项目预算资金执行率,确保各分项工程按照预定计划进行。

(三)有关建议

结合该项目绩效跟踪过程中存在的问题,对今后类似工程项目给出以下建议:项目单位在注重项目质量与资金管理的同时,还应加强对项目的时效管理;通过加强项目立项前的勘察与沟通等工作,对影响项目进度的不确定因素采取对应的解决措施和方法;不断优化方案,制定出合理的项目规划,尽早开展村庄改造工程;及时按合同支付资金,提高项目预算资金执行率。

第五章 预算绩效评价研究

全方位全覆盖预算绩效评价体系构建、全过程全周期预算绩效管理链条的形成，以及预算绩效管理监督体系的完善都是为了体现预算公共价值的本质属性。预算绩效管理中对公共价值的强调，一方面可以帮助我们从预算关键要素出发对整个预算过程进行战略性分析，另一方面也为预算绩效评价提供了一个能被广泛接受的价值标准。本章对预算绩效评价问题进行分析与探讨。

第一节 预算绩效评价指标体系

一、绩效评价指标体系的概念与分类

（一）绩效评价指标的概念

绩效评价指标是预算完成后开展绩效评价时使用，用以衡量绩效目标实现程度的考核工具，是财政支出绩效评价工作的载体，用来检测评价预算活动的投入、过程、产出以及效果是否符合财政支出的经济性、效率性、有效性等。

（二）绩效评价指标的分类

1. 按照绩效评价指标的适用范围划分

按照绩效评价指标的适用范围，可将绩效评价指标划分为：共性指标、个性指标。

（1）共性指标

共性指标是指由财政部门统一制定，适用于所有评价对象的指标，主要包括预算编制和执行情况，财务管理情况，资产配置、使用、处置及其他收益管理情况，以及社会效益、经济效益等。

（2）个性指标

个性指标是指由预算部门会同项目实施部门，针对预算部门或项目特点共同制定的，适用于不同预算部门或项目的业绩评价指标。

2. 按照绩效评价指标的性质划分

按照绩效评价指标的性质，可将绩效评价指标划分为：定性指标、定量指标。

（1）定性指标

定性指标是指无法通过数量计算分析评价结果，通过对评价对象进行客观描述和定性分析来反映评价结果的指标。

（2）定量指标

定量指标是建立在对预算支出各项财务数据和工作目标分析的基础上，通过数据分析，以具体数值形式来反映评价结果的指标。

3. 按衡量目标层次划分

按衡量目标层次划分，可将绩效评价指标划分为：产出指标、效果指标和影响指标。

（1）产出指标

产出指标是指预算行为产出的有形产品或服务的数量。

（2）效果指标

效果指标是指受益群体受益状况或行为变化状况。

（3）影响指标

影响指标是指预算支出项目形成的社会影响，对社会文化产生的长远影响。

二、绩效评价指标体系框架和分级指标

评价指标体系框架和分级指标中有一级指标、二级指标、三级指标以及指标解释等。绩效评价有很多种，包括项目支出绩效评价和部门整体支出绩效评价等，但是一级指标大致可从投入、过程、产出、效果这 4 个维度进行考核设置，二级指标在一级指标的基础上进行细化，至于三级指标的调整主要是体现项目的实际情况。

三、确定绩效评价指标权重的方法

绩效评价指标的权重是指某一指标在整个绩效评价指标体系中的占比。

绩效评价指标权重应根据某一指标在整个绩效评价指标体系中的重要性程

度，选用科学方法，合理设置指标。各指标的权重分配在整个评价系统中具有重要的意义，它直接决定了绩效评价系统的合理性，也决定了绩效评价系统的有效性。

在系统的设计过程中，确定权重的方法主要有两大类，主观赋权法和客观赋权法。

（一）主观赋权法

专家根据指标间的相对重要性来设计权重，它包括德尔菲法（Delphi法），层次分析法（AHP法）等。

1. 德尔菲法（Delphi法）

德尔菲法是一种向专家进行函询的调查法，它由组织者就拟订的问题设计调查表，通过函件分别向选定的专家组成员征询调查，按照规定程序，专家组成员通过组织者的反馈材料匿名地交流意见，通过几轮咨询和反馈，专家们的意见逐渐集中，最后获得具有统计意义的专家集体判断结果。

作为一种主观、定性的方法，德尔菲法不仅可用于预测领域，而且可广泛用于各种评价指标体系的建立和具体指标的确定过程。[①] 与一般形式的专家调查法相比，德尔菲法的特点在于它的匿名性、反馈性和统计性，这些特点源于德尔菲法的运用流程。

德尔菲法基本步骤如下。

第一，选择适合的专家。在德尔菲法中，选择合适的专家这一步非常重要，它会对整个评价方法的质量产生重要影响。如果人们选择的专家不靠谱、科研态度不端正，那么这些专家的评价结果就会缺乏准确性。通常德尔菲法需要选择十个到三十个左右的专家，并且需要通知专家本人并获得专家本人的认可和同意才能实施。

第二，把已经处理的若干个指标以及相关的原始资料和确定的一致规则等发送给已经选择好的专家，请每个专家都能够独自做出判断。

第三，收回各个专家的评价结果，并计算出各个指标权数的平均值和标准差等。

第四，把这些计算得到的结果和相关的补充数据、资料等内容再一次返回给各个不同的专家，并要求这些专家根据收到的资料重新计算和确定权数。

第五，不停地重复上述第三个步骤和第四个步骤，直到所有的专家回复的

---

① 田军，张朋柱，王刊良，等. 基于德尔菲法的专家意见集成模型研究 [J]. 系统工程理论与实践，2004（1）.

结果基本一致为止，这时就以各个指标权数的平均数为最终的指标权数。

德尔菲法实际上是一个不断循环和反复的过程，这其中反复的有很多个不同的环节，而且这些专家之间其实没有什么联系，他们都是独立的个体，都是凭借自身的经验以及知识等进行判断。因而这种方法有很多值得借鉴的地方。

2. 层次分析法（AHP 法）

层次分析法的英文缩写是 AHP，这种方法最早是由托马斯·萨迪（Thomas Saaty）提出来的。实际上，层次分析法具有较为广泛的应用范围，它主要是指人们把一些十分复杂的问题通过一定的方式分解为若干个组成元素，并把这些元素按照一定的关系分成不同的层次结构，接着量化每个层次中的要素，最终计算出层次各个要素的相对重要性系数，并把这个得到的系数作为一种评价的重要参考。

（二）客观赋权法

客观赋权法进行评价的数据通常都是实际的数据，因而它的评价和判断具有较强的客观性。

客观赋权法的优势比较明显，即它具有较强的权数客观性，但是有时这种评价方法也会出现一定的偏差。在实际的运用中，根据客观赋权法的相关原理来分析和确定权数并没有固定的标准，有时所有指标中最重要指标对应的权数并不是最大的数值，而在那些不是十分重要的指标中，则很有可能会出现最大的权数。[①]

在客观赋权法中，人们常用的主要是以下几种典型的分析方法，即第一种，主成分分析法；第二种，均方差法；第三种，代表技术法。[②]

四、绩效评价标准

一般情况下，当人们想要评价某个事物时，人们通常都会选取一定的标准，因而在评价的环节中，评分的标准发挥着十分重要的作用。绩效的评价标准往往具有较强的客观性，它一般是由两个部分构成的，其中第一个部分就是标杆值，第二个部分就是评分的规则。这就要求人们在设计评分标准时需要注意几个问题：第一，人们制定的评分标准一定要适合相应的指标体系；第二，人们在制定评分标准时，不仅要重视定量的指标，还要重视定性的指标，把这两种不同的指标结合起来的同时，注重运用定量的指标进行评价。

---

① 刘俊勇. 全面预算管理战略的观点 [M]. 北京：中国税务出版社，2006：219.

② 邬烈岚. 企业集团财务管理 [M]. 上海：立信会计出版社，2017：183.

（一）评分规则

人们主要是通过与标杆值进行对比的方式来确定评分的相关规则。需要强调的是，在绩效评价中，人们会采用不同的指标进行评价，因而这些不同的指标应该有不同的评分规则，这样才能够使评价更加科学。

（二）标杆值

由于取值有一定的差异，因而人们可以采取更加细化的标准，共有如下四种标准：第一种是计划标准，第二种是行业标准，第三种是历史标准，第四种是通用标准。

1. 计划标准

所谓计划标准通常是指相关的部门把一段时间内要达到的目标设计的标杆值作为标准。由于在设计标准时会受到很多因素的影响，尤其是资金因素的影响，因而相关部门制定的标准一定要得当，既不能目标太高，难以实现，也不能目标太低，没有任何的挑战性。

2. 行业标准

所谓行业标准通常是指某一个行业中大多数组织都认可和通过的一些建设标准。

3. 历史标准

所谓历史标准通常是指选择以往年份的指标资料和规律等，人们以这些数据为标准来设置新的标准。

4. 通用标准

所谓通用标准通常是指把标准值选取在一定的范围内，即 0~100%，人们一般在产出类的指标中运用这种类型的标准。

五、绩效评价指标体系的设计

（一）设计理念

通常情况下，以战略和结果作为导向的预算绩效主要评价体系设计思想包含如下几种不同的类型[1]。

---

① 李成威. 建立现代预算制度——从绩效到民生［M］. 上海：立信会计出版社，2016：142-143.

1. 战略导向

所谓战略导向就是指绩效评价指标体系的设计必须以基本的战略为主要导向，因而相关的部门必须从更加宏观、长远的角度来分析和提升公共服务的水平。

2. 结果导向

所谓结果导向就是指绩效评价指标体系的设计必须注重以结果作为基本的导向，从而使设计更好地为结果产出做准备。

3. 效率观念

所谓效率观念主要是指绩效评价指标体系的设计必须注重效率，即人们一定要利用尽可能少的资源来获得最大的公共服务以及福利等。

4. 公共服务顾客至上

公共服务顾客至上主要是指人们在设计绩效评价指标体系时一定要把公众的利益放在第一位，一定要考虑普通公众的实际需求。

5. 透明度和法治化

人们在设计绩效评价指标体系时一定要本着公开透明的原则，即政府应该尽可能地让公众了解政府的评价标准，同时要保证评价的标准是合法的，是以相关的法律法规作为依据的。

(二) 设计原则

绩效评价指标体系的设计对于绩效评价具有十分重要的意义，因而人们在设计绩效评价指标体系时要遵循一定的原则，下面分析相关的原则。

1. 相关性原则

相关性原则主要是指绩效评价指标并不是一个单独存在的指标，它和很多因素具有较大的联系，如它和一个部门制定的目标以及需求等都有联系。总之，设计的绩效评价指标体系应该能够准确、客观地分析和评价考评对象的各种特征以及本质等。

很明显，无论设计任何形式的指标体系都是出于一定的目的和一定的实际需求，这样建立的指标体系才能够为考评服务，为考评的科学进行提供参考。因而指标体系非常重要，相关人员应该根据需求合理制定绩效评价指标体系。总之，在设计绩效评价指标体系时首先要考虑的就是相关性原则，这也是一个基础性的准则。

2. 系统性与重要性原则

众所周知，不管是何种性质的部门，其部门的预算支出往往都会非常烦琐，涉及很多领域，这时相关的人员在设计绩效评价指标体系时一定要遵循系统性原则，使不同的考评对象都可以参考相应的指标，这样才会使预算绩效管理变得更加科学、有序，否则就会大大地降低管理的效率。

在设计指标体系时不仅要遵循系统性的原则，还要遵循重要性的原则，即在选择指标时不能盲目地选择指标，一定要选择那些最具有典型性和代表性的指标，从而用这些重要的指标来衡量和评价绩效。

3. 完整性与导向性原则

完整性主要是指设计的绩效评价指标一定要与很多因素有关系，它不仅要紧紧地联系经济方面的因素，还要联系财政改革以及我国政府制定的各项方针以及政策等，这样确立的指标体系才能从更多视角反映部门预算支出的相关内容，并客观地评价部门的预算支出可能会对整个社会的发展产生的影响。

同时，在设计绩效评价指标时还要遵循导向性的原则，即设计的考评指标一定要能够引起考评那一方的重视，使他们更加关注考评的内容。

4. 科学性原则

要保证考评结果的合理性与准确性，在指标体系的设置上就应当遵循科学性原则。具体来说，指标体系中的标准、程序、方法等的设置都要确保科学合理。通常来说，科学性原则主要包括以下几个方面的内容。

一是准确性原则，指的是指标在概念上应当准确无误，具体的内涵也应当非常清晰，与此同时，还要最大限度地减少主观随意性，对于各种不容易确定的因素，在设置指标的时候可以采用定量与定性相结合的方式。在指标体系的内部，各个指标应当相互统一，相互协调，在具体的结构与层次上也应当具备合理性。

二是完整性原则，指的是指标体系应将绩效考评目的作为中心任务，并对具体的考评对象做出全面的反映。对于系统中的任意一个指标都不能遗漏，这样才能够有效地体现出真实的考评结果，从而对考评对象形成全面的反映。

三是独立性原则，指的是体系内部的各项指标之间应当是相对独立的，并且要最大限度地避免各种信息之间的交叉重叠。

在此需要特别注意的是，以上所述的各项原则是就绩效考评的目的来说的，并不是说指标越多就越好。其实，在实际情况中，要想使每一个指标都是完全独立，也是不现实的，这主要有两个方面的原因：其一，同一事物的各个方面之间本来就存在必然的联系，如产品的质量与销售量；其二，在一个完整的指标体系中，各个指标并不是机械地堆积在一起的，它们之间凭借一些天然的联系构成了统一的指标体系，完全不存在关系的指标是无法构成指标体系的。在实践过程中，为了满足调查与评价的需要，指标的设置需要从多个不同的角度出发，以使各指标之间相互弥补，相辅相成。在这种情况下可以采用对个别指标的权重进行调整的方法来处理各个指标之间的相关性。

5. 经济适用性原则

所谓经济适用性，指的是在选择具体的绩效考评指标的时候，应当对现实的条件以及指标的具体可行性进行充分的考虑，与此同时，各种数据也应当严格遵循成本效益的原则，在确保成本合理的前提下开展具体的考评工作。在对指标体系进行设计的时候，必须将指标应用的现实可能性因素考虑在内，指标体系应当在多个方面都具有适应性，如考评的成本、考评的实践、考评的方式等。绩效考评作为一项具有非常强的实践性的活动，只有在指标体系上充分体现经济适用性，才能从根本上保证考评的最终效果。

在实际的绩效考评工作中，应当对以上所述的几个原则予以综合性考虑，然后在此基础上对指标体系进行系统的设计，这样才能实现效率与成果的双重保障。

与此同时，在对部门绩效考评的基本特征进行充分考虑的基础上，对指标体系的设计还应该重点关注几个问题，具体如下所述。[①]

第一，指标体系应当同每个部门中各种预算活动的规律相符合，实现社会效益与经济效益的兼顾，与此同时，对于社会效益也应当有所偏重。对于实事求是的工作作风应大加鼓励，而对于虚假浮夸的工作作风应严格批判，只有这样，才能使绩效信息的真实性得到更好的保障。

第二，对于资源配置的效率应给予足够的重视，但是在评价时也不应当仅仅局限于资源的利用率。就以前的情况来看，对于资源利用率的评价往往在重视程度上要远远多于资源配置效率，这就导致资源的浪费情况比较严重。针对这一现象，应当从长远的利益出发，使绩效的考核避免出现短期化、片面化与局部化的问题，应向着长期化、全面化与整体化的方向发展。

第三，重视共性与个性。在具体的考评指标与考评重点上，应根据考评方与被考评方差异而有所变化。这样才能在体现考评方的个性的基础上对部门预算绩效的考评结果进行综合的反映。

第四，既重视定性指标，又强调定量指标。定性指标能够对部门预算与效益产出之间的因果关系做出反应，也能体现出部门预算与其他因素之间存在的相关性，定量指标则可以将部门预算支出效益的情况如实地展现出来。

（三）设计方法

1. PART 法

（1）基本概念

PART 法是当前美国联邦政府进行项目评级时最常用的一种评级工具。这

---

① 张少春. 政府公共支出绩效考评理论与实践 [M]. 北京：中国财政经济出版社，2005：98.

一方法对于美国联邦政府的绩效预算改革具有很强的现实意义。它能够准确地对政府项目绩效的排名与评估做出如实的反映，是一项非常有影响力的举措。

从具体的形式方面来进行分析可以发现，PART 法主要是通过标准化调查问卷的形式展开的，具体来说，其内容包括四个部分，一是项目的设计与目标，二是具体的战略规划，三是项目管理的基本情况，四是项目所取得的结果与绩效。

第一部分——项目的设计与目标，这一部分主要是用来对项目的设计及目的作出评估，以确定其是否明确、合理与清晰。

第二部分——具体的战略规划，这一部分主要是用来对项目在年度或长期目标与措施方面的情况进行评估。

第三部分——项目管理的基本情况，这一部分主要是针对项目在财务管理方面的情况以及具体的改进措施方面进行评估。

第四部分——项目所取得的结果与绩效，这一部分主要是对项目的最终绩效进行评估，在评估的过程中，应当对具体的战略规划以及其他的一些评估情况予以充分的考虑。

在具体的问题设置上，可以根据项目类型的不同而进行灵活的处理。一般来说，问卷中的问题设置在 25 到 30 个，其中通常会存在很多具备共性的问题，设置这些问题的目的就在于对项目的绩效与管理情况进行评估，从而对项目的各种利弊进行分析，以便更好地辅助后续各项工作的开展。

（2）计分方式

不论是项目的总分还是项目各个部分的得分都采用百分制的计分方式。问卷中所有的问题所得出的答案都是以充足的证据为前提的。一般来说，问题分为两种类型，一是是否型问题，二是程度型问题。

其一，是否型问题。这类问题只有两种选项，即"Yes"或"No"，通常用于项目的目标和设计、具体的战略规划以及项目管理之中。

其二，程度型问题。这种问题通常会设置四个选项，即"Yes""大程度""小程度""No"，这类问题通常适用于项目的结果与责任这两方面。除此以外，一些问题也会存在"不适用"的情况，这是因为问题与项目之间不具备关联性。实际上，为了充分保障自身的利益，相关的机构与部分在回答问卷的时候通常会较多地选择"Yes"。需要注意的是，无论选择哪个选项，都应当有充足的证据来作为支持。

（3）权重

PART 法在权重上分为两种形式。第一种形式是针对 4 个问题类型进行的赋权，通常来说，结果类问题占到二分之一的权重，项目与目标类问题占五分之一的权重，具体战略规划类问题占十分之一的权重，基本项目管理类问题占五分之一的权重。第二种形式是针对每一个问题进行的赋权，在这种形势下，每个问题的权重都默认是一样的。如果想针对其中的关键问题进行突出展示，可以适当地对权重做出调整。需要注意的是，权重的调整应当在回答问题之前进行。

（4）分级

将项目的总分计算出来以后，根据得分的差异采用 PART 法对项目进行等级划分。一般来说，全部的项目可以划分为五个不同的等级：有效（85~100分），中等有效（70~84分），合格（50~69分），无效（0~49分）以及无法显示（这一等级针对的是那些还没有获得适当的评价指标的项目）。

2. 平衡计分卡

（1）基本概念

平衡计分卡是一种涉及评价内容非常全面的评价体系，它所涉及的主要有四个方面的内容，一是财务，二是客户，三是内部运营，四是学习与成长。这一评价体系将建立实现战略指导的绩效管理系统作为根本的目的，旨在使具体的战略计划落实到实践之中，以确保组织战略的执行工作得到切实的保障。①

（2）结构

根据平衡计分卡的基本理念，对于部门支出的争议，绩效评价也从财务、客户、内部运营、学习与成长这四个方面来进行设计。

一是财务。这包括财务管理情况、预算执行情况以及预算对于战略发展的实际满足情况等。

二是客户。主要包括两个方面，即部门内部人员的满意度与社会大众的满意度。

三是内部运营。包括部门内部的各种制度建设、部门对于责任的履行情况以及发展目标的实现情况等。

四是学习与成长。主要包括部门所具有的核心技术力量以及提供公共服务的能力。

3. 逻辑分析法

（1）基本概念

逻辑分析法通常又被称作逻辑推理法或者是逻辑模型，指的是在借助逻辑推理思维的基础之上，通过分析实践的具体背景，对项目事件进行具体的划分

---

① 祁凡骅，张璋. 政府绩效管理——国际的潮流与中国的探索 [M]. 北京：中国方正出版社，2013：29.

（包括投入、活动、产出等诸多方面），对各种要件之间的关系进行梳理，从而明确资金投入和产出效果两者之间存在的必然联系。逻辑分析法对于业绩目标的确立是非常有帮助的，它可以实现目标向绩效目标的转化，从而提供一种行之有效的绩效管理工具，使评价指标的设计以及多目标的量化管理工作都能够得到有效的指导。

逻辑分析法在对实践之间的关系进行分析时采用的是"如果……那么……"的基本思路，首先对一个项目、组织或者政策的背景进行分析，然后对其正常运作的假设条件进行分析，最后对要实现的目标进行明确。这一方法旨在通过对事件内部各要素之间的逻辑关系进行分析，来把握事件内部的各种联系，从而对相关利益者的义务、责任与权力加以明确。

（2）结构

从结构方面进行分析，逻辑分析法涵盖两个层面的内容。一是"投入—活动"的层面，投入展示的是经费的投入情况与项目开展的基本情况，活动则展示的是目标实现的具体过程。二是产出部分，这一部分在绩效评价中是作为考察的重点出现的，可以分为三个方面的内容，即产出、结果与影响。这三者之间存在必然的联系，具体为："产出"指的是投入经费后所产生的结果；"结果"指的是在产出获得交付使用之后产生的各种效益，如社会效益、政治效益、环境效益等；"影响"指的是能够对项目绩效影响力的发挥产生影响的各种条件。

第二节　预算绩效评价基础知识阐释

一、预算绩效评价的概念

所谓预算绩效评价，指的是在预先设定绩效目标的基础上，选择合理、科学的评价标准、指标及方法，对预算的各个环节进行综合性评价，包括绩效目标的实现情况、预算执行的具体过程以及预算执行的最终结果等，与此同时，还需要对预算支出的效益、效率以及是否具有经济性做出客观的评价。[①]

---

① 柳迪.预算绩效管理基础知识（上）[M].兰州：甘肃文化出版社，2018：62.

二、预算绩效评价的意义

(一) 由 "遵从绩效" 转向 "结果绩效", 以实现政府预算的政策目标

进行预算绩效评价首先应当具备一个条件, 就是预算机构不再控制预算拨款的使用情况, 而是将预算资源的使用权给予了管理者。需要注意的一点是, 这种放权并非是无条件限制的, 最关键的一点是预算机构对于预算结果的实现应当有充足的把握。一旦将资金支出, 而预期的结果却没有实现, 相关负责人就应当相应地承担责任。虽然从某种程度上来说, 以前的预算管理在绩效上也是有一定的追求的, 但是从根本上来说, 这种追求更多关注的是遵从绩效而忽略了结果绩效。换句话来说, 管理者通常不是按照运作的效率及最终的结果来开展评估工作的, 他们的评估工作更多的是根据对程序规则的服从情况来进行的。这种情况导致的必然结果就是, 人们所说的 "有绩效的" 机构仅仅指的是那些能够遵守财经纪律的机构。这种传统的绩效模式在很大程度上忽略了绩效管理的根本目的而过于强调管理的手段, 长此以往, 绩效管理者会更加强调资金使用的控制以及资金使用规则的遵守, 从而导致官僚思维的盛行。

预算绩效评价的意义就在于它使绩效的管理从传统的遵从绩效实现了向结果绩地效的转变, 使绩效管理由关注手段转向了关注目的, 这对于政府预算目标的实现是意义深远的。

(二) 改变支出机构的预算冲动, 达到控制支出总额的目的

就以往的预算执行情况来看, 很多支出部门都或多或少地存在着一种支出方面的冲动。如果仍然采用传统的预算管理模式的话, 这种支出冲动往往很难避免, 这是因为传统的预算管理模式过于强调遵从绩效。在这种情况下, 预算资金的提供者往往并不会对支出机构的回报进行明确的要求。这就必然导致支出机构存在一种思想, 即申请到的资金越多越好。与此同时, 支出机构往往在资金的支出上具有比较大的随意性。对于这种情况, 应当积极采取措施, 有效地避免支出机构的预算冲动, 实现对支出总额的控制。纵观以往各国在这方面的经验可以发现, 常用的方式有两种。其一, 对议会及预算机构的信息收集能力进行加强, 从而避免信息不对称情况的出现, 以有效地提升议会及预算机构的审查能力与监督能力。其二, 在预算资金上, 根据各个部门的情况, 设置固定的预算金额或者进行预算控制。但是, 从以往的实践来看, 这些措施在效果上并不显著。

在运用预算绩效评价之后, 各个支出机构根据自身情况制定出合理的支出

计划，然后上报给预算机构，经过严格的审核之后，双方签订绩效合同，以确保支出机构的资金支出同政府目标之间存在相关性。这样一来，一旦支出机构支出了经费就必然取得相应的结果，否则就要被追究责任。这种方式可以有效地避免支出机构的预算冲动，使支出机构更多地考虑优化资金配置以取得更好地结果而不是盲目扩大预算规模，这对于支出总额的控制是非常有效的。

（三）鼓励管理者采取高效率的行动，提高资金的运作效率

运用预算绩效评价模式之后，管理者就能够依据环境的变化，并结合不同部门的特点对投入组合方式进行选择，从而开展生产活动或提供公共服务，同时也能够在不同的支出项目之间进行资金的转移。与此同时，预算机构也不再像传统的预算模式那样对预算支出部门采取严格的控制，虽然从某种程度上来说，这种控制也能够使效率得到提升，但是这种提升是无法强求的。在预算绩效模式下，预算管理部门与支出部门之间签订合同，支出部门就会积极采取措施减少运营的成本，并努力提升产出的数量与质量，从而更有效地提高资金的运作效率。

此外，预算绩效评价模式采用的是"利润分享"的政策，具体来说，就是如果部门存在预算结余的话，可以将其转到下一个年度的预算中，这样一来，部门管理者就不必担心预算结余被收回，也不需要担心结余会导致自己部门下一年度的预算被削减，从而能够有效地消除支出部门在年底集中支出资金的冲动。

三、预算支出绩效评价模型

政府预算支出与一般的投入与产出系统相比，具有一定的特殊性，因为它投入的是公共财政资源，政府等公共部门对这些资源进行有效的整合，从而使其成为公共产出品，这些资源往往是不进入市场的，体现的是社会效益。预算支出绩效评级的系统应当具备完整性，包括四个阶段内容：一是投入，二是运作过程产出，三是成果，四是目标。从外在的表现形式来看，这四个阶段又包括四种形式，即拨款支出、预算资金运用、产出绩效以及预算成果与目标，这四种形式之间存在一定的前后关联性。正是这四个阶段与外在表现的四种形式，构成了预算支出绩效评价模型，具体如图 5-1 所示。

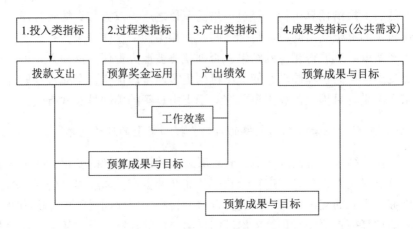

图 5-1　预算支出绩效评价模型

（1）投入类指标主要反映的是公共产品或服务在提供的过程中对资源的占用与消耗情况。

（2）过程类指标反映的是公共部门在提供公共服务的时候，对预算制度的执行情况以及对质量的控制情况。

（3）产出类指标反映的是公共部门提供的产品或服务的具体情况，或者公共部门完成的具体工作量。这类指标能够对工作的稳定性或变动性情况做出较好的反映。

（4）成果或目标类指标反映的是一种计划、项目或者是做法对于预期目标的达成情况。这类指标是预算绩效评价的出发点，其他的各项内容，如考核投入、支出、效果等，都要以此为基础。这类指标主要考核预算目标的合理性、科学性，防止财政资金供给中存在的"缺位"与"越位"问题。

完整的政府预算绩效评价还得在这四类指标的基础上，根据政府预算支出绩效评价的内涵构建效益性指标、效率性指标和有效性指标。

第三节　预算绩效评价方法

一、成本—效益分析法

（一）基本原理

所谓成本—效益分析法，就是指人们把固定时间段之间的收支和产生的效益进行比较，从而评价和判断实际的绩效情况，并根据这些数据来分析制定的预算绩效目标的实现情况。[①] 最初时，主要是在企业中广泛运用这种分析方法，后来随着时间的推移，越来越多的国家政府投资项目时也开始尝试并广泛运用这种分析方法。[②]

采用此种方法评价政府财政资金的运行效率，通常情况下都需要充分结合已经制定的预算支出目标，同时把资金支出所产生的效益以及成本等因素与预算支出的目标进行对比分析，从而选择适合的项目。在针对某一具体项目进行评价时，需要将项目总体预算支出的成本和收益进行计算，当收益大于成本时，该项预算支出净收益为正，预算支出具有正的效益；当收益小于成本时，该项预算支出的净收益为负，预算支出具有负的效益。

（二）应用

成本—效益分析法可用于某项预算支出的各备选方案的比较。通过对各备选方案的成本和收益进行计算，得出每个方案的净收益，最终选取净收益最大或收益率最高的方案。通过成本—效益分析法对某项预算支出的各备选方案进行筛选，可以有效地提高预算资金的支出效益。此外，在对相同类别的不同预算支出项目进行横向比较时，也可采用此方法，比较内容包括同地区或不同地区的比较。通过考核预算支出的绩效水平，分析各地区和部门差异产生的原因，提出改进绩效的方法，从而促进预算资金使用效率的提升。

当人们在工作中运用成本—效益分析法时，一定要考虑多种因素的影响，

---

① 黄的祥，蓝茂. 行政事业单位内部控制实操方案 [M]. 西安：西北工业大学出版社，2018：99.

② 陈爱东，魏小文. 公共财政学 [M]. 成都：四川大学出版社，2011：139.

如时间因素就很有可能会对现金流产生较大的影响，因而人们要采取相应的措施。又如人们在计算某一个项目或者某一设计方案的成本以及产生的效益时，不仅仅需要考虑和计算与项目或方案直接相关的成本、效益等，还应该考虑和计算与项目或者方案间接相关的成本、效益等因素。

虽然成本—效益分析法在私人部门中得到了广泛的应用，并且切实对私人部门的运行效率做出了改善，但由于公共部门预算支出与私人部门存在差异，具有其特殊性，因此在公共部门中，成本—效益分析法就并不适合所有支出项目的评估。具体来说，成本—效益分析法具有一定的适用范围，它并不适合任何项目或者方案等。成本—效益分析法通常适用于那些成本和收益都可以利用一定的方式准确计算的项目评价。其他那些成本和收益都难以准确量化的项目则一般不推荐采用这种评价方式。由于社会效益很难精确衡量，其中包括直接效益、间接效益，长期效益、短期效益，有形效益、无形效益等多重因素的影响，而很多指标无法具体量化，就会使成本和收益的估计出现偏差。①

二、最低成本法

（一）基本原理

顾名思义，最低成本法也是一种十分有效的用于判断和衡量财政支出产生效益的一种计算方法，有时候人们也把这种方法叫作最低费用选择法。对于成本—效益分析法而言，最低成本法也是上述分析方法的一种有效补充。前面的分析内容已经强调了成本—效益分析法主要适用于那些成本和收益都可以利用一定的方式进行准确计算的项目评价，而最低成本法则主要适用于那些成本和收益都难以量化的项目等，如社会保障支出。因而相关的部门在实际的工作中要配合着使用这两种不同的评价方式，从而更好地为评价服务。

（二）实施

实施最低成本法，首先，要根据政府的绩效目标，提出多个备选方案以供参考；其次，需分别计算各方案的有形成本，计算过程中若出现多年连续安排支出的项目，要把各年的现金流统一折算为现值，保证备选方案的可比性；最后，按照成本的高低进行排序，在目标既定的情况下，选择成本最低的方案。

---

① 江书军.可行能力视域下精准扶贫综合绩效评价研究［M］.西安：西安交通大学出版社，2018：50.

（三）特点

最低成本法的主要特点是，在衡量财政支出项目的社会效益时，不采用货币单位进行计量，而只着眼于项目的有形成本，这就避免了成本—效益分析法对某些项目成本无法量化的问题；同时采用此种方法规避了对效益的衡量，为那些没有办法使用精准方式计算的项目提供了可靠的评价方法。事实上，社会中有很多无法精准衡量的项目，如国防支出、社保支出等，其收益很难衡量，但是成本则易于计算。对这类效益衡量存在困难的项目开展预算决策分析时，单纯计算该支出项目的有形成本，之后选择成本最低的作为最优支出项目即可。这种方法简单易用，既缩小了考核部门的工作量，体现了绩效评价指标设定的经济性和可监督性原则，也为实现社会效益为目标的项目提供了一个现实可行的绩效考核方法。

众所周知，一个国家设立的公共部门通常都是为普通的群众提供公共的产品以及公共服务，这些部门与企业的运行以及目的是不同的，企业运行的主要目的就是为了盈利，从而实现自身的利益，而公共部门则需要考虑全体公民的实际利益。因此，相关人员在使用成本最小化原则时需要考虑多个方面因素的影响，从而实现对绩效的综合性评价。

三、比较法

（一）基本原理

比较法通常是指人们运用比较的手段对绩效进行评价，从而得到绩效的目标实现情况。比较法通常会对多个方面的因素进行比较，如比较绩效的实际效果和绩效的最初目标等。[①]

其适用范围是当绝对评价标准难以确定，或所使用的客观尺度不尽合理时，必须采取其他的相对方式来衡量绩效。具体来说，比较法是指按照统一的标准对评价对象进行相互比较，以确定各评价对象绩效相对水平的一种方法。这种评价方式在操作上相对简便，省去了一些复杂的量化步骤，主要适用于财政项目资金管理等评价标准确定较为复杂的项目。

---

① 王保利. 广西资产评估行业发展报告（2006—2015）［M］. 南宁：广西人民出版社，2017：134.

（二）常用方法

常用的比较法有排序法、一一对比法和强制分配法等。

排序法就是对提供的备选方案按照绩效的优劣顺序进行排列，这样的方法省略了一些无法确定量化的计量，设计和应用成本较低，对进行绩效评价部门的专业性要求不高，因此在一定时期内得到了较大范围的应用。但是这种方法同时缺乏客观标准，会有太多主观因素影响各主管部门的决定，造成评价结果的随意性，不易对预算提出整改意见。

一一对比法是在排序法的基础上对其缺陷进行完善后提出的方法，它是将所有的备选方案进行一对一的比较，比排序法整体排列更具有说服力。但是，这种方法依然没有提出客观评价标准，并且也大大提高了预算管理者的工作量。

相比于前面两种方案，强制分配法则加入了更多的定量因素，这个方法主要是根据正态分布规律，将评价对象强制划分为若干等级，在比例上具有相对固定性。这种方法对技术人员提出了较高要求，要求其必须收集大量的数据进行分析、考察，以确定等级的具体分布，对评价指标的确定也需要制定合理的标准，这使得实施成本提高，因此比较适用于整个绩效评价体系较为完善的地区和部门。

四、因素分析法

有时候人们也把因素分析法叫作指数因素分析法，它实际上是一种统计意义上的分析方法。人们利用因素分析法进行分析的重要基础就是统计指数体系。

在实际的统计学分析中，因素分析法是一种比较常见且应用范围十分广泛的分析方法，它能够清晰地把比较复杂的事物精简为若干个有联系且能够反映本质特征的因素。

在预算绩效评价中，人们引入因素分析法就是指人们在分析的过程中把那些能够对投入以及产出产生影响的各种因素都分析和罗列出来，这样人们就可以通过分析这些因素来计算合理的投入产出比例。这种分析方法比较高效。

在现实生活中有很多公共项目都是可以运用因素分析法来评价其预算绩效的，通过对绩效进行综合性的评分，最终确定项目的效率性和效益性。采用此种方法的关键在于权重的分配，即如何通过合理配比使得整个评价过程客观全面，并且符合不同项目的实施特点。

五、公众评判法

(一) 基本原理与实施

公众评判法：聘请多方面专家评价财政支出绩效，设计问卷调查财政支出利益相关各方意见，最终汇总分析财政支出绩效。[①]

实际上，并不是所有的项目都可以采用指标的方式衡量，因而对于那些人们没有办法使用指标进行衡量的支出项目，就可以选择其他的方式进行衡量，如人们可以邀请相关领域内的知名专家来进行评价，也可以选择对公众开展调查问卷的形式让公众进行评价。这些评价方式也是值得借鉴的。对于专家评估而言，它是指聘请相关领域中的知名专家，就评价对象的某一方面进行评价、判断。专家根据绩效评价项目的特点，可以采用多种评判形式，包括"背靠背"或"面对面"评议，或两者相结合的综合评价方式；当人们采用公众评判法时，相关的工作人员需要提前设计好对公众进行调查问卷的形式，可以采用多种多样的形式开展调查问卷，将需要进行考评的内容涵盖在设计的问题中，然后将问卷发放给公众填写，在发放过程中需要保证人群的随机性和广泛性，最后汇总分析调查问卷，得出评价结果。

(二) 特点

和其他的评价方法相比较，公众评判法具有这样几个特点——民主性、公开性。其对社会力量的参与进行了最大范围地吸收，整个绩效评价过程把社会公众的诉求较为充分地表达出来了，与此同时，整个实施过程也较为公开。这样的评价方法具有公开性特点，还是比较适合于对公共部门和财政投资兴建的公共设施进行评价，但需注意的一点是要设计好与之相对应的评估方式和调查问卷，还要对被调查人群进行有效的选择。

六、其他评价方法

(一) 层次分析法

一般情况下，层次分析法就是指相关人员把比较复杂的问题分解为若干个不同的层次，然后对这些因素进行合理分组，并形成一定的结构，最后根据一

[①]　胡华. 中国地方预算绩效管理研究［M］. 太原：山西经济出版社，2018：98.

定的标准，对两两进行比较，对判断进行量化，从而形成比较判断矩阵，同时还要对层次中各个要素相对的重要性进行确定，对各个方案的排序方法进行确定。

（二）查问询证法

所谓的查问询证法指的是评议人员通过直接或者是间接的方式来对客体信息进行了解和评价，在此基础上形成一定的判断的方法。[①] 对于信息和资料的取得，最为直观的方式就是查问征询。在预算支出绩效评价中，查问询证法是一种有效的补充方法。

因为评价方法的种类很多，当我们在对比较合适的绩效评价方法进行选择的时候，既要把项目之间的可比性考虑在内，也要把项目自身的特点考虑在内。财政部门要对绩效评价方法的选择规定好适用的原则和准则，相同类型的项目最好使用一样的评价方法，这样可以更好地进行横向比较；与此同时，各个部门要对项目自身的特点进行深入的了解，还要根据财政部门的要求做出合理的选择，并在一定范围内使用较为个性化的评价方法，这样能确保评价结果的准确性。

第四节　预算绩效评价具体实施

一、预算绩效评价基本流程

预算绩效评价的操作主要从四个方面开展绩效评价工作。首先，要确定评价对象和绩效目标，相关主管部门和项目实施单位在申报项目预算时，一并上报初步形成的绩效目标，由财政部门最终确定绩效目标，并反馈给相关部门单位。其次，要拟订绩效评价工作方案，并报财政部门备案。对于项目支出预算在执行过程中发生调整的，需经主管部门批准后，对绩效目标等内容进行一并调整。再次，根据确定的绩效目标和项目实施情况，结合评价对象的特点，对绩效情况进行综合评价。最后，撰写绩效评价报告，并在规定时间内报送财政部门，以便对绩效评价结果进行核查。

绩效评价的具体操作会根据不同地区和部门出现相应的调整，以适应相关

---

① 彭健.政府预算理论演进与制度创新 [M].北京：中国财政经济出版社，2006：446.

评价项目的特点。但从总体架构上，其操作流程如图 5-2 所示。

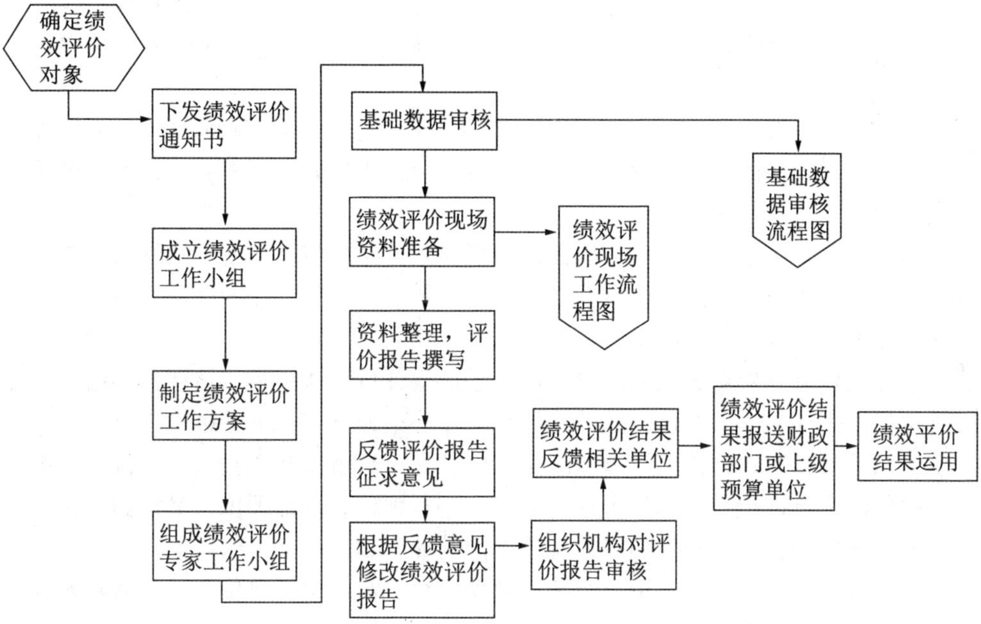

图 5-2 预算绩效评价操作流程

二、预算绩效评价实施阶段

（一）前期准备阶段

1. 确定评价对象

一般情况下，一个部门或者一个单位的财政支出是由两个不同的部分构成的，其中第一个部分就是项目的财政支出，第二个部分就是基本的财政支出。每个部门的财政支出种类不同，二者支出的比例也有较大的差异。通常基本支出的范围也比较广泛，它包括相关人员的所有支出、公用的支出等，而项目的支出则是单位或者部门用于项目运行等各个环节的支出。在我国，绩效评价的重点则是项目方面的财政支出和专项的财政支出。部门和单位整体财政支出的绩效评价仍在进一步探索过程中。其中，在针对绩效评价项目进行选择时，需遵循以下几个原则。

第一，选择绩效相对容易判断的项目。这要求进入评价范围内的项目绩效是可衡量的，为了真实反映项目绩效，应选择评价指标可以量化的，或者虽然评价指标以定性指标为主，但其可行性和稳定性较高的项目。

第二，以发现问题为目的确定评价项目。对项目进行绩效评价的最终目的是预测项目的可行性和效率性，因此在确定评价项目时，要针对项目的立项、实施和最终结果提出相应质疑，对存在的问题进行分析，并提出相应的整改建议。

第三，在选择项目时，应当从当前社会经济发展热点领域和社会关注度高、公众呼声高的领域出发，尤其在现阶段，应更加倾向于事关国计民生的重点项目。

第四，从推动绩效评价工作面的拓展出发，考虑将更多的项目纳入绩效评价范围，尝试更广泛的评价覆盖，以推动预算绩效管理工作的全面发展。

2. 成立评价工作小组

在确定好评价对象之后，就可以着手成立评价工作小组。该评价小组的人员选择一定要科学、合理，此外，评价工作小组通常有如下几种构成方式。

第一种，内部评价组。顾名思义，内部评价组就是让相关项目单位或者部门内部的人员来担任内部评价小组的成员进行评价。内部评价组又根据评价单位构成的区别，分为自评项目、主管部门的评价和财政部门的评价。

自评项目。针对自评项目组建内部评价组，需由主管单位联系与项目实施有关的部门，条件允许还可加入本单位的内审机构，共同成立评价小组，同时明确牵头部门和相关人员的评价职责。

主管部门的评价。当被评价项目涉及若干个子项目时，仅依靠内部评价组的力量是远远不够的，因而根据实际的情况，如果当时的条件是允许的，那么就可以和这个单位的内审机构一起来开展评价活动。尤其在一些十分重要的项目评价中，仅仅依靠主管部门进行评价几乎是难以实现的，这时评价部门就可以适当地联系本部门的负责人等，联合这个单位共同开展评价。

财政部门的评价。通常情况下，财政部门的评价构成并不复杂，主要包括财政部门的相关人员，然而在现实中，如果财政部门难以独立完成评价工作，其也可以请其他部门的相关人员辅助评价。使财政部门人员对整个项目的情况有更深刻的了解，也有助于评价实施的客观性。

第二种，评价专家组，小组成员由项目单位、主管部门或财政部门组织挑选，同时也可在项目当地的绩效评价专家库中挑选。成立评价专家小组最重要的原因就是通过第三方的介入，保证绩效评价过程和结果的客观性，使整个绩效评价的过程更加透明、公开。此外，专家对于项目的了解较财政部门和主管部门更加翔实，在评价过程中可以提出更加专业的意见，提高绩效评价的效率和有效性，保证评价结果的科学性。

第三种，中介机构，具有相应评价资质的社会中介机构也可作为绩效评价小组的成员，参与项目的评价过程。但中介机构的选择是有严格要求的，考虑到非专业中介机构对政府绩效评价认识不够，在开展绩效评价时会出现种种问题，因此，需要在中央或者地方的中介机构库中进行筛选，不能随意在社会上寻找第三方机构介入。中介机构在接受绩效评价工作后，也可以聘请相关领域的专家，组成评价专家组实施评价。

专家组和中介机构的引入，实质都是财政部门为引导社会公众共同参与预算绩效评价工作，缓解财政部门的工作压力，确保绩效评价结果的客观公正采取的相应措施。政府不论是采用协商还是招标的方式委托，第三方机构的参与都保证了绩效评价工作实施的灵活性，对全面推进绩效预算管理起到了积极作用。除了上述三种评价小组的构成方式外，还可以考虑综合运用三种模式，吸取各方优势，这样的联合方式适合大型重点项目的评价。

3. 制定评价实施方案

评价工作小组建完成后，小组成员会根据评价工作规范，确定绩效评价目标，在经过实地考察后，拟订评价工作的具体评价方案。方案设计完成后，需经过评价组织机构成员的讨论，或是专家团队的研究论证，经过进一步修改完善，才能最终提交。一个经过精心设计和筹划的评价工作方案，会对整个绩效评价的全过程做出科学的规划，直接影响评价工作的质量。

（1）评价方案制定的前提

首先，在制定评价方案前，需要做严密的准备工作以确保评价方案的全面性和实用性，它要求方案制定者充分了解相关项目的具体情况，包括项目实施的期限、目的、预期效果等；其次，要收集与项目相关的国家政策、部门和地区规定，充分利用现有的有利条件保障项目的顺利实施；再次，还要深入部门和项目单位中，详细了解项目的立项背景、实施要求等内容，与有关部门和单位充分沟通，确保评价方案得到多方支持；最后，应当综合汇总获取信息，将有用信息筛选，并体现在评价方案中。良好的开端会为整个绩效评价工作的实施奠定扎实的基础，因此各评价工作组需对事前准备工作给予足够的重视，以确保评价方案的制定和实施。

（2）评价方案的主要内容

一个完整的评价方案涉及多方面的内容，包括评价对象、评价目的、评价内容、职责分工、评价指标、评价标准以及相关的后续工作安排等，对每个环节的把握都需要关注到不同方面的问题，并且需要保证各环节之间的连续性。

评价对象和范围的确定，需具体列明需要评价项目的名称、实施评价的地区、项目的资金来源以及评价覆盖的项目环节等，这些内容表达得越详细，对后续工作的开展就越有利。

评价内容需涵盖项目的完成情况，即对比绩效目标与项目的具体实施情况，通过一定的量化考评，对项目进展做出判断；项目的管理情况，涉及具体管理办法的制定、项目申报程序的合规性、项目实施的监督管理等内容；资金管理情况，包括拨款是否及时到位，对款项的使用是否遵循了专款专用原则，资金使用是否规范合理等；最后还要对项目的完成情况和取得成效进行考察。

评价方法的选择，需根据项目的具体内容和项目的实施条件来确定合适的方法，可以采用单一的、具有针对性的评价方法，也可以使用交叉评价和综合评价的方法。但最终都要保证评价实施的可行性和评价结果的真实性。

评价标准的确定，绩效评价标准是衡量绩效目标实现程度的一把标尺。目前，采用的标准包括计划标准、行业标准和历史标准等，这些标准有些偏重定性分析，有些是对绩效目标的量化考察，具体在评价工作中选取哪种标准，主要根据评价工作组的技术水平、评价对象的特点、收集信息的难易程度等具体内容确定。

绩效评价指标的确定，科学合理的评价指标会使绩效评价结果更真实、有效。绩效评价指标从大类上可分为共性指标和个性指标，共性指标适用于所有评价对象，而个性指标是根据某个具体的项目设定的，两者结合可以更全面地反映绩效目标的实现。在共性指标和个性指标中，有些是定性指标，而有些则是定量指标，通过客观描述和计量分析的结合，综合对目标实施绩效评价。

4. 下达评价通知

一般情况下，评价通知就是指相关的评价工作小组对各个项目等进行评价之后给出的相应的行政文书，它是采用文本的形式进行描述的，因而评价对象也可以通过评价通知来了解评价的结果。整体上，评价通知也是一种总结性质的文书。当相关的评价机构或者组织确定了需要评价的对象之后，这些评价机构就可以适时地向评价对象下发评价通知。一般评价通知包含很多内容，如此次评价活动的最终目的、评价的重要内容以及评价的基本任务，此次评价活动开展的主要依据以及评价的机构和资质、评价活动开展的时间以及评价的注意事项等。通常下达评价通知也就标志着马上就要开始相关的评价工作。

（二）实施评价阶段

实施评价阶段是整个预算绩效评价过程中最为核心的部分，它既需要对资料进行收集整理，也需要针对具体项目内容实施评价工作，最后还需对工作内容进行汇总，形成绩效评价报告。

1. 收集并审核绩效评价相关资料

根据评价项目的实际情况，评价单位要根据评价要求，收集被评价对象与评价内容相关的数据资料。整个收集资料的过程是围绕评价指标体系的构建，最终为评价结果服务的。相关资料的收集方式有如下几种形式。

（1）数据填报

收集资料最基本的方式就是向被评价单位发放基础数据表，要求相关部门或项目实施单位如实填报信息。这种方式需要被评价部门或单位有较强的责任意识，对信息的真实性和完整性负责，但一般还需有其他辅助方式同时进行。

（2）实地勘察

这是目前进行绩效评价最常使用的资料收集方式，评价机构和人员会深入被评价单位，了解项目的具体情况，包括管理制度是否及时建立健全、责任机制是否建立完善以及财政资金的拨付使用等内容。这种方式弥补了单一数据汇报的不足，是保证绩效评价真实性的重要举措，对评价机构和人员提出了更高的要求。

（3）问卷调查

采用问卷的形式对项目的某些定性内容进行评价，是扩大评价群体范围，提高评价全面性的一种方式。具体实施调查时，要针对项目的某些评价指标，由评价机构直接发放问卷，收集更广泛群体的意见，最后再由评价小组成员亲自收回，避免被评价机构人员参与此过程。问卷的发放范围和数量由评价机构根据项目的实际情况来确定。

（4）听取汇报

被评价单位需要汇报项目的绩效目标设定和实施情况、组织管理制度的建立和落实情况、财政资金的使用情况和财务管理状况、项目产生的各方面效益等内容，通过书面或会议的形式进行总结。实施评价的成员可提出项目存在的问题，并相应提出解决措施和对策建议，以供被评价单位做参考。评价资料收集完整后，将各种资料进行整合并筛选出有用的资料，由评价人员通过寻找相关资料佐证，或是采取实地调查的方式，进一步确认资料的真实性，并对已有内容进行补充。同时，资料审核也可贯穿于资料的收集过程中，不必作为一个独立环节存在，可依据实际情况进行调整。

2. 综合分析并形成评价结论

对资料进行收集和审核后，评价小组需要将基础资料和其他相关资料进一步汇总，在评价小组内部进行交流分析，从而使每位小组成员掌握充分的项目资料。之后可通过召开小组会议和专家会议等形式，依据评价指标和标准的要求，通过小组成员的意见交换和信息交换，综合对项目进行分析。

小组成员之间进行充分沟通后，要对项目做出最终的评价。参与评价的人员根据自己掌握的情况，对项目进行相互独立的评价，任何人不得对评价结果施加带有倾向性的影响，以确保最终评价结果的公正性。每位评价成员都要出具评价结果，并保留工作底稿，对自身的评价结果承担相应责任。

（三）撰写评价报告阶段

评价报告的撰写过程，实际就是将评价工作转化为文字，对整个绩效评价过程中所掌握的情况，以及收集的资料数据进行整理，重点突出项目的执行情况、最终绩效评价结果，以及评价小组的工作建议等。绩效评价报告的撰写需按照固定的格式，形成一定的逻辑，这样才能展现整个项目的评价情况。

（四）结果应用阶段

绩效评价结果是根据评分与评级相结合的方式确定的，财政部门、预算部门和有关单位应根据绩效评价结果，对项目的各项内容进行整理、归纳、分析和修改，把评价结果作为实施预算管理及安排以后年度预算的重要依据。

第六章　中国预算绩效管理面貌呈现

预算绩效管理的概念早已经形成，随着我国在实践中对其进行了发展和完善，不断积累经验，渐渐地也拥有了自己的特色，并且取得了一定的发展成果。本章就以我国的预算绩效管理为主，探讨其发展脉络，分析其整体情况，总结其取得的一些成果，并对表现出来的一些问题进行深入探讨。

第一节　预算绩效管理发展脉络梳理

一、自发探索萌芽阶段

随着国外绩效管理理念的逐步推广，我国在进行预算的时候也引入了一些绩效评价的思想。到 20 世纪 90 年代后期，我国在开发一个新项目的时候越来越重视对项目的验收与考核，直到 1998 年，我国逐步建立起了财政投资评审体系，这是绩效评价的雏形，也是推行预算绩效的切入点。

2000 年，湖北在恩施州选择了 5 个行政事业单位，进行预算支出绩效评价试点，开始了绩效评价的最早探索。2003 年，广东、浙江等省进行试点并不断扩大范围。

这一阶段的主要特点是对绩效理念的引入，属于一种自发的探索，包括地方和中央都是在尝试和摸索中前进，为形成完整的绩效评价工作奠定了基础。

二、加强绩效评价试点阶段

2003 年，党的十六届三中全会明确提出"建立预算绩效评价体系"的要求，以此为重要起点，财政部开始加强绩效评价试点工作，探索提高财政资金使用效益的新途径。

2005 年，我国政府根据当时的实际情况制定并颁布了《中央部门预算支出绩效考评管理办法（试行）》，这个文件的制定对于我国的绩效评价工作具有重要的意义，它十分科学地为我国中央各个部门的绩效评价工作指明了方向。从 2006 年开始，我国的财政部门就开始尝试着选择若干部门进行绩效评价试点，2006 年选择了我国农业农村部中的若干个部门进行尝试。在 2007 年时，我国的财政部又尝试选择其他不同领域部门进行绩效评价试点工作，2007 年财政部选择了教育部下属的六个不同部门开展试点工作，并取得一定的成效。这也代表着我国财政部正在不断扩大试点的范围。到 2008 年时，我国财政部已经在多个不同领域开展了绩效评价试点工作，其试点的项目已经达到了108 个，资金的数量也十分庞大。到 2009 年时，我国财政部门在之前大量的试点工作基础之上印发了《财政支出绩效评价管理暂行办法》，从而为我国各个地方部门的绩效评价工作提供指导依据。至此我们可以看到，我国以项目作为核心内容的绩效评价试点工作已经广泛开展起来。

在这一阶段，我国建立了自己的绩效评价制度，并且形成了独有的绩效评价办法。但是，绩效评价工作却依然存在不规范的现象，并且评价项目的逐年增加也加大了评价人员的工作量。从总体上来说，我们的绩效评价大多属于事后评价，所以还存在一定的局限性。

三、全过程预算绩效管理理念确立阶段

为了进一步推进绩效评价工作的开展，很多地方开始了绩效评价试点工作，但是在实践的过程中，也不可避免地出现了一些"瓶颈"问题。导致这一结果的原因在于评价大多是事后评价，并且与现有的预算编制结合得并不紧密，在执行的时候，也没有对其进行严密的监控，所以评价的意义并不大，仅仅是为了评价而评价，这显然无法促进预算管理工作的有效发挥。

事后评价以及"与预算管理结合不紧密"等问题也引起了国家财政部门的注意，之后在开展评价的时候更加注重评价的内容，并且逐步推动绩效管理朝着目标管理以及事中监控等方向发展，将绩效评价简化成了一个闭环管理。

2011 年，为进一步统一思想认识，明确绩效评价的下一步发展方向，财政部在广州召开了第一次全国预算绩效管理工作会议，会上首次提出了全过程预算绩效管理的理念。会后，财政部下发了《关于推进预算绩效管理的指导意见》，明确提出要逐步建立健全"预算编制有目标，预算执行有监控，预算

完成有评价，评价结果有反馈，反馈结果有应用"① 的全过程预算绩效管理机制，标志着完整意义上的预算绩效管理理念得以正式确立。

在这一阶段，其主要的特点就是拓展绩效评价的广度，在立足日常评价流程的同时。明确了下一步预算管理的方向。

四、预算绩效管理发展的新时期

党中央、国务院也对预算绩效管理工作提出了具体的要求，并且明确了具体的预算绩效管理工作。2012 年，财政部门也就预算绩效管理工作专门召开了座谈会，并在会上具体阐述了预算绩效管理的相关内涵以及意义等。在会上，相关人员总结了前一段的预算绩效管理工作，并且对下一阶段预算管理工作的开展进行了进一步研究。

会议过后，财政部就印发了《预算绩效管理工作规划（2012—2015年）》，提出了十二五期间预算绩效管理工作的总目标，并且列出了具体的工作任务，同时为了预算绩效工作的顺利开展，财政部还提出了各种保障措施，这样就使得后期的预算绩效管理工作有了具体的方向，并且也有了一定的保障。

在党的十八大报告中，也提到了绩效管理工作，② 这显然也为绩效管理工作的有效开展指明了方向，使得我国的预算绩效管理工作迈入了一个新的发展阶段。

在这一个阶段，全过程预算绩效管理的做法得到了大家的充分肯定，并且也制定了不同的时期预算绩效管理的不同任务以及目标，同时，预算绩效管理的系统工作要求也得到了进一步明确。显然，我国的预算绩效管理工作开始迈入了发展的快车道。

---

① 贾康，刘薇，孙维 . 深化财税体制改革的战略取向与要领 [M]. 广州：广东经济出版社，2017：195.

② 国家税务总局办公厅 . 每个人的绩效——税务绩效管理全员应知应会手册 [M]. 北京：中国税务出版社，2017：29.

第二节　预算绩效管理整体情况

一、推动机制建立，形成全过程预算绩效管理框架

2011 年，我国财政部就提出了全过程预算绩效管理的理念，各级财政部门也树立了新的工作目标，力求带着目标去开展预算编制，在预算执行环节应该跟上监控，在预算完成之后应该及时跟上评价，并且应该及时反馈评价结果，一步一步地推进新工作机制的建立，不断创新预算管理模式，实现绩效管理与预算管理的配合，从而构建有效的预算绩效管理体系，形成整体的预算绩效管理框架。

1. 绩效目标管理得以加强

对于绩效管理，应该从事后逐步向事前管理延伸，在预算编制环节，应该按照相关的要求去确立绩效目标。随着绩效管理制度的不断完善，也会有越来越多的项目被纳入绩效管理体系当中，这样填报的内容也会逐渐规范。同时，财政部门对绩效目标的审核与批复工作也更加重视，这也在一定程度上提高了绩效目标的先导性作用。

2. 绩效运行监控开始实施

当前，已经有一些着手研究绩效监控的方法，这样可以逐步推进绩效监控的实施，从而促进其与预算执行顺利融合，并逐步建立更为高效完整的绩效运行监控机制，对那些存在问题的项目提出纠正意见，从而确保各绩效项目的顺利实现。

以海南省为例，他们设立了绩效监督的分析表，并且确定出了绩效监控的各个要点，在这种背景下，预算单位就可以在每一个季度结束后都围绕这些要点进行自查，从而明确自己的绩效管理效果。

3. 绩效评价试点深入开展

随着绩效评价试点部门的逐步增多，进行绩效评价的试点项目也在逐步增多，其中涉及的预算金额也有了极为明显的增长趋势，并且也更加重视与民生相关的一些项目。除此之外，绩效评价的重点也变得更为鲜明，评价的质量也在逐年提高。

4. 评价结果应用不断突破

不同的地区与部门也在长期的实践中总结出了多种多样的评价方式，这也

极大地发挥了绩效评价的作用。在实践的过程中,有的地区及时将评价结果进行了反馈,这也有利于反馈机制的建立;有的地区仔细分析各项评价结果,并且将其作为了后续预算的参考,探索出了其与预算编制相结合的机制;有的地区致力于进行管理的改善,这也提高了预算管理的水平;有的地区将评价结果进行了公开,这样就能够最大限度地发挥评价的作用。

二、加强顶层设计,完善预算绩效管理规章制度

财政部非常重视全过程预算绩效管理,注重从宏观的层面出发对其进行设计,力求不断促进制度建设的提升。

在此种背景下,中央各部门以及地方财政部门的预算绩效管理制度也得到了不断健全,不少地区还针对上级部门提出的工作建议等对本地下一步的预算绩效管理进行了统一部署,并且还结合当地的情况,完善了自己的预算绩效管理办法,在改善与创新的时候,更加重视制度框架的建设,这也使得预算绩效管理的规章制度渐渐形成了自己的体系。

三、全面开展试点,不断扩大绩效评价项目范围

当前我国的绩效预算外部条件并不是特别完善,所以要想整体推进预算管理并不容易,并且当前的项目支出目标并不具有多样化,在评价的时候还是比较容易的。最近几年,各级财政部门都仅仅依托绩效评价这一抓手,逐步扩大了绩效评价的范围,从而实现了绩效管理的推广。

从中央层面看,在最初的阶段,财政部仅仅选取了一些个别的项目对其进行评价,涉及的资金数额也不多;到了 2013 年,中央的所有部门全部开展了绩效评价试点,试点项目扩大到近五百个,资金规模达到两百多亿元,实现了"横向到边"。

从地方层面看,省级财政部门绝大多数都开展了绩效评价试点,市、县级绩效评价工作也开始逐步跟进,做到上下联动并逐渐突破,绩效评价的试点范围不断扩大,实现了"纵向到底"。

四、创新评价模式,积极拓展绩效评价的深度

在扩大试点范围的背景下,各地区应该进一步探究新的绩效评价方式,积极推动绩效评价广度以及深度的拓展。在评价的时候,不能仅仅开展以项目评价为主的评价方式,而应该转向全方位的绩效评价,从而实现评价内容的正确转换。

1. 关注预算总体使用绩效

在进行预算的时候应该关注总体，而不应该仅仅关注部分。2012 年，财政部对中央各部门进行了绩效综合评价，并且对全国的近两千个县开展了财政管理综合绩效评价；与此同时也有很多的省份开展了对本地区财政支出的绩效评价，除此之外，还有很多的省份对省级部门的整体支出进行了评价。

2. 实现财政绩效一体化跟踪

在评价的时候，不应该仅仅关注本级的预算支出评价，同时还应该关注对下转移支付资金的评价。2012 年，财政部选择了该年度的 11 个项目，对其地方转移支付资金展开了绩效评价试点。后续，也有一些省份展开了对财政绩效一体化的跟踪报道，安徽省、云南省都开展过财政绩效的一体化跟踪。

3. 突出政策实施的效果

在进行评价的时候不能仅仅注重重点领域的评价，还应该突出政策的总体实施效果。在 2013 年的时候，财政部就着手"对一些重大专项做中期绩效评估"，开始探索研究对财政政策、财政支出结构优化等方面的重点评价；广东省立足民生以及公共服务领域，对其政策进行了综合的绩效评价，加强了政策效果导向，保证了各项民生政策产生实效。

4. 以市场为导向

在加大绩效评价力度的同时，各地对绩效评价方式进行了积极创新，通过利用市场机制，引入和扩大第三方评价，推行竞争性资金分配办法等，不断提高了绩效评价的公开性、公平性。例如，上海市通过政府采购、试行公开招标等方式，选择让社会中介机构参与到绩效评价中，并对评价机构队伍进行动态管理；湖北省从 2013 年起，对财政专项资金进行竞争性分配改革，将专项的资金纳入竞争性分配管理，实行"两权不变、绩效优先"，推动了科学、公平、有效的专项资金分配评价机制的建立。

五、完善配套措施，进一步夯实预算绩效管理根基

各地区以及各部门也在不断强化组织机构保障，从而使得评价指标体系能够变得更为健全，这样就可以促进信息系统的良性循环，并有利于专家中介库的建设，在宣传培训等举措下，预算绩效管理的工作得到了进一步夯实。

1. 着力推进机构建设

早在 2010 年的时候，我国财政部门就设立了相应的预算管理部门，从而更好地指导预算绩效管理工作的有序开展；到 2012 年，在财政部门相关负责人的大力推进下，绩效管理工作领导小组得以成立，这进一步加强了对预算绩效管理的监管。到 2013 年，全国已经有 20 多个省都设立了专门的预算绩效管理部门，许多地方的预算绩效管理机构也更为完善，这也为绩效管理工作的顺利开展提供了良好的外部条件。

2. 健全绩效评价指标体系

随着绩效评价指标体系的建立，预算绩效管理的水平也在不断提高，这为形成完善的绩效评价标准体系建立了良好的外部条件。湖北省也在各地进行了试点，并且收集了不同地区的绩效评价指标，初步建立了能够覆盖各个领域的绩效评价体系；美国在绩效评价方面做得比较好，尤其是 PART 项目绩效评价格外出众，上海市就借鉴了这个绩效评价方式，建立了自己独有的项目绩效评价指标体系。

3. 构建信息系统

只有构建起信息系统，才能为绩效管理工作提供必要的信息支撑。海南省有一个"金财工程"，在开发该项目的时候就将项目绩效的目标管理融入了预算编审中，从而实现了对各绩效目标的管理。与此同时，广东省也初步建立了涵盖专家评审、绩效评价等的绩效管理，从而实现了预算绩效管理信息系统的构建。

4. 推进专家中介库建设

在当前的背景下，已经有很多个省份都加入预算绩效管理系统的建构中来，并且也有一些地方建成了自己的专家学者库，在库的专家大概有近十万人，在一些省份还有一些省级中介机构库得以顺利建成；在部分省份，也有一些地方建立了指导库。除此之外，一些地方还积极邀请人大代表、社会各界代表参与绩效评价，形成了有效的外部监督力量。

5. 加强宣传培训

各级财政部门通过各种方式，积极开展预算绩效管理宣传，加强业务培训。如，财政部近年来组织的部门预算绩效管理培训班和县级财政预算绩效管理培训班，围绕预算绩效管理进行工作培训和问题探讨，交流各地区各部门实际工作经验等，以提高从业人员的业务素质。许多省包括一些市、县财政部门也采取多种方式，"走出去、请进来"，广泛开展形式多样的培训活动，提高财政部门、预算部门甚至是中介机构的预算绩效管理水平及能力。同时，通过报刊、电视、网站等多种媒介多种形式，积极宣传预算绩效管理理念和经验，为预算绩效管理营造"讲绩效、重绩效、用绩效"的良好社会氛围。

第三节　预算绩效管理成效显著

经过各地区各部门几年的实践，通过各级财政部门和预算部门的不懈努力，预算绩效管理得到进一步发展，创新了管理理念，增强了预算决策的科学性，提高了财政资金使用效益，增强了政府公信力，成效初步显现。

一、初步形成了整体推进的格局

采用预算绩效管理工作的地区越来越广，并且按照"横向到边、纵向到底"的要求在全国范围内全面展开，中央地方协同推进，省、市、县逐级扩大。

预算绩效管理的机制变得越来越完善，并且覆盖了预算绩效管理工作的各个阶段，从整体的方面来看，预算绩效管理不仅涵盖各项目的事前预算阶段，还涵盖事中以及事后各个阶段，并且随着预算绩效管理工作的逐步深入开展，人们也逐步改变了自己对预算绩效评价管理的错误观念，一些新的预算管理模式也在逐步形成，这都预示着我们的预算管理模式已经迈入了新的发展阶段。

二、树立了预算绩效理念，强化了部门责任意识

随着预算管理工作的进一步推进，人们对预算管理的理念也在逐步转变，注重绩效、以结果指导工作过程的理念正在逐步形成。财政部门对各项资金的使用状况也给予了后续关注，更加明确了这些拨付资金的具体流向以及使用状况，从而使资金的使用效益能得到进一步提高。

对于预算部门来说，他们开始更加重视对支出部分进行绩效管理，从而降低了成本。在传统的模式下，财政部门更加重视的是分配与使用，但是对管理以及效益却没有给予足够的重视，因此有必要让正确的绩效管理理念深入人心。

在预算绩效管理模式下，预算管理部门应该编制足够明确的绩效目标，从而让预算部门以及单位能对预期的目标有更为清晰的认知，这样才能让人们逐步了解财政支出已经取得的经济效益，从而促进其他目标的顺利达成。

预算执行完成后要进行绩效评价，用以考核预期绩效目标的完成程度和取得的成效，促使部门更加重视预算执行的结果；绩效评价形成的结果要进行反

馈与报告，对于督促的部门来说，就应该根据各部门反映出来的具体问题建立起相应的预算安排挂钩机制，这样就可以强化各单位以及部门的自我约束意识，从而让"用财要问效、无效要问责"① 的理念能够更加深入人心，如今预算绩效已成为部门加强支出的有效管理手段。

三、促进了财政资源合理分配，增强了预算决策科学化

要想让预算绩效管理得以顺利进行，就应该树立绩效目标，并且及时做好对各项评价结果的反馈，这样才有利于财政部门优化资源配置。在面对有限资源的时候，决策者就可以根据审议服务的优先次序，确定最优组合②。

以绩效因素作为资金合理分配的依据，增强预算资源与部门绩效间的联系，可以让各相关部门的"项目链"与财政部门的"资金链"得到完美衔接，有利于不同单位与部门项目的完善。在此基础之上，不同的单位与部门之间就可以根据自己的情况选择合适的管理流程，从而加强对各项资金的管理，进一步提高自己的管理水平。

在设立绩效目标的时候，应该注意让其具有极强的指向性，对于各项绩效指标，也应该制定细致的评价标准，这样就可以根据具体的核算数据选择最好的资金配置方案。显然，这提高了预算编制的科学性，可以让各项财政资金得到最好的配置，也可以更好地优化财政资金，从而促进预算的合理分配。只有促进资源的有效整合，确保相关资金能够投入最重要的领域，才能让各项决策变得更为科学。

四、提高了财政资金使用效益

之前的绩效管理仅仅关注事后评价，但是当前的预算绩效管理更为注重资金的使用过程，将管理贯穿到了各个环节，这不仅能够提高绩效管理的质量，而且还能进一步提高财政管理的效率。

预算部门通过预算绩效目标的设立可以更为科学地申报预算资金，此举能减少财政资金的无序浪费，减少浪费就是一种节约，可以缓解财政资金的紧张状况；通过设立绩效运行的监控机制，还能够加强对支出绩效的监控，从而及时发现问题，并确保财政资金能够在既定的范围内运行，以最小的投入获得最大的产出，进一步提高了预算的规范性。

---

① 郭路平. 财政支出绩效评价工作的实践及完善建议 [J]. 科技与创新，2015（9）.
② ［美］珍妮特・M. 凯丽，威廉姆・C. 瑞文巴克. 地方政府绩效预算 [M]. 苟燕楠，译. 上海：上海财经大学出版社，2007：5.

在部门预算管理中，应该发挥绩效评价的作用，通过各项评价结果，从而提出合理的改革意见，着力提高各项财政资金的使用效益，逐步提高预算管理水平。

五、间接优化了政府绩效管理，实现高效透明

预算绩效管理是政府绩效管理的重要组成部分，随着预算绩效管理理论的进一步深入，政府绩效管理也得到了进一步发展，一些地区建立了自己的绩效报告机制，并且也将绩效评价的结果反馈到了各单位，让这些被评价的单位根据评价结果进行整改，从而实现评价结果与预算的结合。对于各项评价结果，可以在一定范围内公开，这不仅有利于提高政府决策的准确性，还能加强他们对各单位活动的有效监督，从而为社会提供更好的公共产品以及服务。在此种背景下，公众就会提高对政府的认同感，从而更加配合政府的工作，也利于透明政府的建设。

第四节　预算绩效管理问题凸显

我国的绩效预算管理自出现以来经过了十多年的发展，至今已经取得了一定的成效，但是相比较来说，我国的预算绩效管理依然处于发展阶段，与当前的要求还有较大的差距，所以我们更应该注重体系建设、注重机制建设，立足于当前的环境，找到解决问题的突破点，从而获得进一步发展。

一、各地对预算绩效管理的重视程度不一，工作进展不平衡

从总体上来看，预算绩效管理依然是一个新生事物，不同的地区对预算绩效管理的看法并不相同，所以就出现了各地工作推进不统一的情况。

从横向上来看，不同地区之间的发展步调是不一致的。有些省份可能在很早的时候就开展了预算绩效管理工作，并且有些地区早就开始了试点，随着时间的推移，这些地区已经实现了试点全覆盖，这显然是另外的一些地区无法企及的。相对应的，还有一些地区的预算绩效管理工作刚刚开始起步，所有的工作开展得都比较慢，对于一些省份来说，可能仅仅有少部分地区进行了试点，甚至有的省份试点的规模太小。

从纵向的角度来看，存在地方与中央之间发展不均衡的问题。从地方的角

度来说，省级的一些部门工作开展得挺好，试点的范围也很大，但是到了市县层面，这些部门的预算绩效管理工作开展得并不顺利，大概仅仅只有百分之五十的市开展了试点工作，还有三分之二的县级财政部门依然没有开展试点工作。从中央的层面来看，其预算绩效管理工作已经有了多年的实践经验，并且推进的力度逐年增大，试点的范围也非常广泛，在 2013 年，就已经有 166 个中央一级预算单位全部开展了试点工作。

二、全过程预算绩效管理体系不完善

经过一段时间的探索，预算绩效管理体系得到了初步构建，并且实现了绩效目标管理工作的连通。但是从整体的层面上看，预算绩效管理工作仍然存在不完善的地方，不同的环节之间衔接得也并不是特别紧密，所以存在如下问题。

（一）绩效目标环节方面

1. 对于绩效目标的管理显得并不是那么规范，工作要求也不统一，目前没能形成比较完善的工作机制。

2. 对于绩效目标而言，目前没有统一的设定，不同部门之间的工作无法做到紧密衔接，各个部门之间职能履行的状况也无法统一衡量，没有达到发展要求。

3. 当前绩效目标制定得并不细致，无法做到真正的科学衡量，无法反映出客观的实施效果，这显然不利于绩效目标的准确达成。

4. 绩效目标没有形成很强的约束力，在当前的工作中，人们还是主注重项目以及资金的申报，没有做到科学的把关。

5. 绩效目标并没有覆盖所有的指标，当前的绩效评价仅仅关注资金的转移支付以及整体支出等。

（二）绩效监控环节方面

1. 监控不到位，大部分依然流于形式，并没能提出实质性的监控措施。

2. 对于监控的内容没有做到明确区分，目前依然处于监督环节。

3. 监控方法比较单一，没有进行基本信息的全面收集，也缺少对绩效目标的监控。

（三）绩效评价环节方面

1. 重视事后评价，但却忽略了事前评价、事中评价，仅仅将评价放在了对验收项目的考核上，并且是为了评价而评价。

2. 各试点地区在选择试点项目的时候比较随意，未能与核心职能部门联系起来，没有做到突出重点，同时试点的金额也太小。

3. 评价多限于项目评价，所涵盖的内容并不多，仅仅关注整体评价，并没有关注重点领域的评价。

4. 绩效评价的体系依然比较单一，在评价的时候缺乏必要技术手段支撑，所以要想实现合理的评价就应该建立统一的评价标准。在目前，评价的可比性并不是特别强，也没有形成多元的评价格局。

5. 评价质量有待提高，当前绩效信息的收集系统并不完善，评价的手段也没有得到充分的利用，所以评价结果并不是那么科学。

（四）评价结果应用环节方面

各项绩效评价结果没有发挥出其固有的效力，对于资金的使用部门并没有形成一定的约束，对于评价的结果而言，并没有什么硬性的要求，无法形成紧密的制度安排，所以评价结果无法做到有效利用。

除此之外，绩效评价一般是事后的，所以也容易出现一些与预算管理不对接的状况，使得评价结果出现了一定的局限性。对于一些项目来说，它从投入到产出可能需要很长的一段时间，那么评价的时间就相当滞后。

三、预算绩效管理的制度不健全

（一）整体制度缺少规划性、系统性

我国的预算绩效管理工作虽说已经有了一定的发展时间，但是大部分还是处于摸着石头过河的情况，并且也没有进行系统的顶层统筹。不同的地区，工作推进的程度不一样，许多制度都不完善，需要一边推进工作，一边修理原有的制度体系，并且绩效管理工作的连续性也不强，许多仅仅只停留在政策上，并没有提出可操作性的办法。

（二）具体办法需要加强操作性、指导性

从具体的操作办法上来看，预算绩效管理在不同的环节拥有不同的工作机制，一些管理办法仅仅是从原则性的层面出发制定的，并不能指导具体的工作，这就需要地方部门对其进行有效指导，并且在具体的工作环节给予其有效推进，从而让绩效管理工作能够有序开展。

四、预算绩效管理基础工作相对滞后，保障力度亟待增强

在实际工作中，预算绩效管理的工作十分繁杂，它会涉及很多方面的工作内容，因而需要相关的部门从多个不同的方面来辅助，以此保障预算绩效管理工作的实施。现阶段预算绩效管理的基础工作还存在很多问题，这些问题主要表现在如下五个方面。

（一）机构人员队伍建设不到位

从整体上而言，预算绩效管理这项工作的整体工作量是十分巨大的，而且这些工作大多都具有很强的专业性，因此完成这些工作就需要一个十分专业的团队。目前的情况是，我国已经有一部分省份或者辖区的财政部门已经根据实际需求设立了专门的机构用于预算绩效管理，只是这些机构的职责划分得还不是很清晰，需要相关的部门进行及时的调整。有一些机构虽然设立了相应的处室，但是这些机构在运行的过程中缺乏足够的专业人才，还有一些机构人员素质不是很高，这些因素都会在一定程度上阻碍我国预算绩效管理工作的顺利开展。总之，我国相关部门的机构人员队伍建设不到位，缺乏综合性的专业人才，这种现象在基层部门更加明显。

（二）宣传培训力度不到位

到目前为止，我国的财政部门以及很多省份的相关部门都在积极地宣传并培训预算绩效管理的人才，然而宣传的力度十分有限，并没有达到预期的宣传效果。要想推动我国的预算绩效管理工作更加科学和统一，就需要不断加大宣传和培训的力度，使预算绩效管理的意识深入到更多人的心中。

（三）信息系统研发不到位

对于预算绩效管理工作而言，信息系统的研发和管理是十分重要的一个环节。然而我国的现实情况是，只有极少的省份自主研发了相应的预算绩效管理信息系统，如东南沿海的广东省以及海南省等。其他大部分省份在这个方面所做的研究和工作都十分有限，因而我国各个省份都还没有形成一个统一的、具有一定规模的预算绩效管理信息系统。这种现状十分不利于我国预算绩效管理各项工作的开展，也会使预算绩效的评价和信息处理变得很被动。

（四）绩效评价指标体系建设不到位

对于绩效评价指标体系的建设方面，我国的整体状况是：很多不同地区的

部门都在根据自身的实际情况探索和完善绩效评价指标体系，然而不同地区建立的指标体系存在一定的差异，每个地区的绩效评价指标体系都有自己的特色和标准，可见我国缺乏一个统一的、相对比较完善和成熟的绩效评价指标体系。总之，我国在整体上缺乏一套科学的、全面的预算绩效评价指标体系，这不利于我国预算绩效管理工作的顺利开展。

（五）第三方力量培育不到位

在英国以及德国等西方国家中，他们在绩效预算管理中经常会采用其他方法来辅助这项复杂的工作。这些国家的相关机构使用最多的手段就是依靠和借助于社会中介以及一些专业的专家和学者等第三方力量来开展预算绩效的相关评价工作。对于我国而言，目前能够承担预算绩效管理工作的第三方机构以及人才十分少，难以满足相关机构的实际需求，因而这也在很大程度上制约了我国预算绩效管理的发展，并使我国的预算绩效管理变得缺乏客观性。

五、现行预算管理方式存在不足

目前，我国现行的预算管理方式存在很多不足，具体体现在如下几个方面。

（一）绩效管理与预算管理相对脱节

最近几年来，政府对预算管理进行了较大幅度的改革，最终确立了一个总体的制度框架，即预算包括如下几个部分：（1）部门预算；（2）国库集中收付；（3）政府采购等。但是这种改革还不是很全面，也缺乏一定的深度。在我国现行的这种预算管理制度下，相关部门更多地把绩效管理的主要内容划定为预算支出的管理，只是把这种管理当作是一种额外的工作量，并没有充分重视和规划预算管理，也没有充分发挥预算管理的价值。此外，绩效管理也存在一定的问题，我国的绩效评价管理深度不够，虽然我国的绩效评价能够发现一些明显的问题，并提出相应的建议，但这些建议缺乏较强的可操作性，难以和预算管理真正地结合起来。我国的绩效管理和预算管理之间脱节的现象比较明显。

（二）预算制度安排不够完善

在我国目前的财政制度下，财政部门会适当地承担一定的预算编制权利，这也会对其他机构的预算管理产生较大的影响。此外，在预算的编制过程中，相应机构还会遇到较多的预算追加，这就使预算部门很难准确地、科学地把握预算的编制。同时我国还没有制定完善的资产与预算相结合的制度，从而使预算绩效管理具有很大的难度。总之，我国的预算制度还有待于进一步完善和提升，否则它将会制约预算管理的相关工作。

（三）缺乏完整的管理信息系统

一个方面，我国目前还没有建立一个完整的预算支出标准体系，这就使预算管理工作开展具有很大的难度，如项目在支出时缺乏科学的对应标准、人们在评价相应的绩效时没有可以参考的评价依据等；另一方面，预算绩效管理的基础信息不充分，缺少完整的绩效信息数据。绩效信息是政府预算决策的可靠依据，可以使科学化的循证决策得以实现，在实施绩效预算的西方国家，其预算都包含支出项目结果的系统信息，如70%以上的OECD国家预算中包括了一些非财务绩效数据。此外，我国现行的预算管理编制并没有建立相应的绩效目标数据，这也会给绩效管理工作带来很多问题。例如，在实际的预算绩效管理中，人们只能根据一些数据来分析和统计支出的钱数，却没有办法看到这些支出去的钱都做了哪些具体的工作，从而难以量化预算绩效管理的实际效果。

（四）预算执行授权还不充分

我国现行的预算执行主要是强调控制功能，按照预算明细和支出科目进行明细控制，对结余结转控制过死，更注重合规性的外部约束和控制，是典型的遵从性预算文化，从而使预算灵活性不够，对于预算管理的风险也不能很好地应对，导致部门预算自主性不高，直接影响预算执行的效果和预算管理绩效。

六、相关配套改革措施不到位

对于预算绩效管理而言，它的运行和实施需要很多相关的配套改革，然而我国只有一部分的配套改革已经实施，这种现状也会极大地制约着我国的预算绩效管理。

（一）权责发生制改革没有全面实施

目前，在我国，国家政府规定会计核算方式就是收付实现制，也就是说，我国只有很少一部分机构能够使用权责发生制进行会计核算，即中央预算可以使用这种方式进行会计核算。很明显，这两种不同的核算方式存在较大的差异，其中收付实现制在运用的过程中有很大的不足，它没有办法准确、科学地进行运算，从而无法全面地评价和反映政府的绩效情况。

（二）政府财务报告和绩效报告制度没有启动

目前，我国还没有全面推行并建立政府的财务报告制度以及绩效报告制度，因而普通的大众往往就没有办法了解政府的资产运行情况，也难以开展科学的预算绩效管理工作。

（三）中期预算框架没有建立

在预算绩效的管理中，中期预算是一个十分重要的环节，它能够在预算绩效管理中发挥十分重要的作用。具体而言，它的显著价值就在于它能够有效地使相关部门制定的政策和预算编制联系起来，从而使相关人员更加科学、合理地运用各项财政资源，发挥资源的最大价值，提升资源的利用效率。此外，中期预算还能够为政府相应绩效目标的制定提供支持。

现在我国的现实情况是，政府在制定相应的发展规划时并没有科学地参考预算编制。二者之间存在严重的脱节现象，具体表现在如下几个方面：第一，政府制定的发展规划和预算管理的时间等内容不一致；第二，政府制定的发展规划通常是分成若干个不同的类别，而预算管理则通常是由两部分构成，即组织单位和支出项目；第三，二者关注的重点也有较大的差异，其中政府制定的发展规划更加关注发展能够提供的机会等，而预算管理则更加关注政府实施某项政策需要投入的成本等。由此可见中期预算的重要性。目前，世界上很多国家都根据自身的实际情况建立了中期预算框架，然而我国还没有建立完善的中期预算管理框架。

（四）缺少强有力的绩效问责环境

对于绩效管理而言，最关键的环节就是要实施绩效问责。然而目前我国的现实情况是，我国政府的政绩考核内容和形式都比较固定，许多地方不顾财力，贪大求全，"面子工程""政绩工程"现象严重，一些政府部门只管"干事""花钱"，不关心"干好事"，更不关心"花好钱"，这种做法就造成了资源极大浪费，支出去了大量的财政资金，然而这些财政资金并没有发挥较大的作用，其利用效率比较低下，难以取得理想的效果。在这种情况下，如果政府不采取一定的措施改革现有的考评和问责机制，则会使预算绩效管理实施起来非常困难。

（五）财政预算公开改革步伐还需加快

要想实施预算绩效管理，政府就要采取相应的措施，其中一项很重要的举措就是政府要不断提升自身的财政透明度，这样人们才能更加清晰地了解政府的各项财政收入以及支出的情况，从而做出更加科学、全面的判断。目前，在世界范围内，很多西方国家已经在这个方面有了很大的改进，不少西方国家都通过一定的渠道公布了政府的绩效信息情况，如在 OECD 的 30 个国家中，有24 个国家向公众提供了关于绩效结果的信息，政府部门的绩效报告中都会提交这些信息。

从整体上进行分析，最近几年来，虽然我国已经采取了若干项措施来改进财政预算，但由于政府的改进力度有限，我国的财政透明度还不是很高，这也对预算绩效管理产生了一定的影响，使预算绩效管理没有办法影响评价的效果以及结果等。具体而言，我国有不少的部门在日常的管理中十分重视财政资金的各种收入渠道，然而它们不重视或者忽视这些财政资金的支出效果以及使用的具体情况，因而这些部门的财政资金分配出现了很大的问题，出现了分配不科学的现象，从而造成了资源浪费，降低了政府部门的办公效率。

七、政府绩效管理改革未全面启动，缺少有利的政治环境支持

从宏观的角度进行分析，预算绩效管理这项工作不仅仅是经济层面的一种经济行为，它更是一种政府实施管理的行为，它的实施需要政府的管理和大力推进。从 2011 年开始，我国政府就开始重视绩效管理工作，在 2011 年 3 月，我国政府就成立了由九个不同部门组成的政府绩效管理工作部际联席会议，从而为我国的政府绩效管理工作指明了方向。当时，我国政府还分别选取了若干个试点的地区进行试点管理，取得了一定的成效，如北京市等地区。

但从目前进展情况看，政府绩效管理工作曾一度停滞，试点并未向全国铺开，财政部门面临"单兵突进"的局面。当前，政府与市场职能界定存在模糊地带，政府的目标职责尚未放在主要提供公共产品和服务上，中央地方事权交叉，公共部门的职责及支出责任不明确，整体的行政管理水平还比较低，不能有效地对投入进行控制，支出的监督和管理薄弱；同时，官僚主义的利益格局和传统财政资金分配格局紧密相连，与绩效预算的理念形成冲突，对预算绩效管理的深入推进产生巨大抑制作用。

针对这些现状与问题，迫切需要从深化行政体制改革方面着手，以政府绩效管理为引领，形成对预算绩效管理的强大政治支持，推动预算绩效管理成为政府绩效改革的"重头戏"。

八、法律法规依据缺失，法制体系建设较为滞后

对于预算绩效管理而言，其顺利实施的重要前提条件就是我国政府建立完

善的法律制度，这也是一种十分重要的保障措施。目前，很多西方国家，如英国等都制定了相应的法律法规，然而我国在预算绩效管理方面的立法还不是很完善，很多法律法规等无法满足实际的需求，因而我国法律法规的缺失使得我国的法治体系建设相对比较滞后，这需要我国的立法机构不断完善和调整。

在我国，任何事件都要遵循一定的法律依据，然而我国的法律体系中还没有和预算绩效管理相关的法律，虽然我国现在有《预算法》，然而这部法律中却没有专门针对绩效管理的法律内容。这就使我国的预算绩效管理缺乏一定的法律依据，其难以在法律的保障下顺利开展各项工作。因此，我国的相关部门需要根据实际情况建立和完善我国的相关法律制度，从而使预算绩效管理有法律的保障。

综观上述问题，有些是受行政体制的制约因素所影响，有些是法律制度不完善带来的束缚，有些是预算体系、管理机制不健全而形成的阻碍，有些则是工作开展、配置措施不到位造成的滞后，这些问题的解决，都有赖于从内在机制、外部管理、协调发展上来逐步突破，通过进一步完善和强化预算绩效管理，深入推进改革，明确未来发展方向，来实现预算绩效管理的新发展、新飞跃。

第七章　中国预算绩效管理改革及未来展望

最近几年来，随着我国各个方面改革的不断推进，国家以及相关的工作人员已经开始越来越重视政府财政资金运用的绩效情况。因而很多专家以及学者把关注的焦点转移到中国的预算绩效管理改革层面，本章首先分析全面把握中国预算绩效管理改革，接着进一步分析中国预算绩效管理改革细化，最后分析中国预算绩效管理未来展望。

第一节　全面把握中国预算绩效管理改革

一、全面把握中国预算绩效管理改革需遵循的原则

在全面推进预算绩效管理发展与改革的过程中，需要注意把握以下基本原则。

（一）统筹规划，立足发展

这条原则明确了推进的思路。推进预算绩效管理要加强顶层规划与设计，充分认识预算管理的内在规律和财政预算发展的阶段特征，合理借鉴国际经验，系统总结工作进展、成效与问题，立足当前现状和长远发展，从宏观上谋篇布局，提出整体改革框架，推动预算绩效管理发展的渐进性、系统性和方向性。

（二）循序渐进，夯实基础

这条原则指出了发展的路径。我国实施预算绩效管理经历了一个渐进的过程，完善预算绩效管理也是一个渐进的过程；同样，实现以完全绩效预算为主的预算管理也需要一个渐进的过程。国外的实践经验也表明，任何一个国家的

绩效预算都经历了循序渐进的发展与改革路径。当前，我国预算绩效管理的推进正是沿着这一发展路径进行的，表现为整个改革过程的一部分，因为只有经过预算绩效管理的充分发展，巩固理念、完善体系、形成机制后，才能为下一阶段绩效预算的提出奠定坚实的基础。

（三）远近结合，注重衔接

这条原则提出了完善的措施。通过近年来各方面的努力，在我国初步建立了预算绩效管理体系，该体系是根据现行预算管理实际，借鉴国外理念，在受制于绩效预算的外在政治体制、机制等约束条件下而提出的一种融合式的预算管理模式，可将之定位于实施绩效预算前的一个过渡阶段。随着预算绩效管理体系的不断健全与完善，我国将逐渐走向绩效预算改革的方向，并最终实现预算管理模式的根本性转变。近期健全预算绩效管理体系的重点工作与完善措施，正是为中长期绩效预算改革打基础、做准备，而中长期的预算绩效改革则需要以预算绩效管理为"支点"、建"据点"，因此，近期措施和中长期改革是有机衔接的整体。

（四）创新机制，推动改革

这条原则强化了改革的动力。无论当前的预算绩效管理还是下一步的预算绩效预算改革，都要以机制创新为着眼点，以改革推动预算管理的创新。特别是从中长期来看，绩效预算改革更需要进一步突破体制上的束缚，以更大的机制创新突破旧的框架，进而弥补预算绩效管理尚未能解决的机制"短板"问题，形成有效的改革"支点"，推动绩效预算改革的实施。

二、全面把握中国预算绩效管理改革的策略

（一）健全"一个机制"框架，覆盖预算管理全过程

通常情况下，"一个机制"的框架是一种有效的管理机制，这种有效机制运行的重要前提条件就是预算管理，而这种机制运行的重要指导准则就是绩效管理，可见"一个机制"框架的运行可以有效地把预算管理和绩效管理科学、合理地结合在一起，从而使预算绩效管理能够发挥最大的价值和作用。需要强调的是，国家不断建立和健全"一个机制"的框架的最终目的就是要不断扩大预算绩效管理的范围，使这种管理能够覆盖很多领域，如所有的财政性资金等，因而相关的管理人员应该重视各个环节的管理，使每个环节都能够有参考的依据，即在预算编制环节一定要确立明确的目标，在预算执行的环节一定要

有合理的监控，在预算完成环节一定要有精准的评价，在预算评价之后一定要有准确、有效的结果反馈，最后要注重将结果的反馈应用到具体的实践中。总之，在改革我国预算绩效管理时，一定要覆盖预算管理的整个过程。在预算绩效管理中，"一个机制"是其核心的组成部分，对整个预算绩效管理起到引领的作用，下面分析预算绩效管理的机制框架，如图7-1所示。

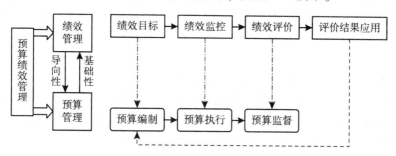

图7-1　预算绩效管理的机制框架

在这种机制里面，相关部门需要采取一系列措施来不断完善和健全"一个机制"的框架，具体而言，我们需要注意以下几个方面的内容：第一，人们要在日常的工作中确立科学的绩效思想和理念，即相关部门的人员要重视绩效，关注任何一笔资金的绩效，从而使资金能够发挥最大的效用，而不是对没有产生绩效的目标进行片面的评价等。第二，相关部门的人员一定要确立清晰、明确的绩效目标，这样才能使每一笔资金的支出都能够被合理利用，才能够慢慢地形成一种更加科学的预算方式。第三，使人们确立重视结果的意识，重视评价结果的应用。这样做的最终目的就是使各项财政资源能够分配到那些效率高的部门，使财政资金能够在各个关键领域发挥效力。同时，相关的部门要对那些没有充分利用财政资金的部门问责，调整那些无效或者绩效比较差的部门的预算控制等。第四，政府要充分明确各个部门在预算绩效管理中的权利以及相应的责任，使每个部门都能够各司其职，都能够把自己领域的任务完成，并认真配合其他部门的工作，建立一个统一组织、分级负责的预算绩效管理体制。

（二）加强"两个体系"建设，完善制度规章，提升绩效评价水平

预算绩效管理制度体系和预算绩效评价体系是预算绩效管理的两个轮子，其中，管理制度体系是前轮，负责"定方向"；绩效评价体系是后轮，负责"提速度"。要通过"两个体系"的建设，进一步完善制度体系和绩效评价体系。

1. 加强管理制度体系建设

(1) 加强整体制度建设

可以根据预算绩效管理的整体框架来加强整体的体制建设，这个制度建设包含很多个层面，如绩效目标、绩效监控、绩效评价以及绩效结果应用等，相关部门应该重视各个环节的运行，使每个环节都能够按照一定的要求科学运行，最终形成一个高效率的体制体系。对于预算绩效管理而言，这种制度体系是各项工作有利进行的保障。

(2) 加强配套制度建设

围绕预算绩效管理内容要求，在配套制度建设上，健全预算支出标准体系，加强对资产和国库现金的全面管理，完善预算决算报表反映内容，实现预算绩效管理的信息化，推进绩效信息公开，为预算绩效管理提供管理支撑。

(3) 加强业务规程建设

加强业务规程建设就是指在预算绩效管理中，管理的各个环节和步骤都要遵循相关的法律法规等，都要遵循相应的操作规范，从而使各项任务的完成都更加规范，都有一定的参考依据，这也为预算绩效管理的具体操作提供支持。

2. 加强绩效评价体系建设

(1) 强化绩效评价主体

在预算绩效管理中，相关部门应该明确确立绩效评价的主体，突出这些主体的地位和位置，从而使它们在绩效评价中发挥作用。在预算绩效评价中，其评价的主体就是财政部门以及预算部门，然后相关部门还应该尝试着把第三方的机构和个人引入预算绩效管理的评价中，从而使这种评价更加准确、客观。

(2) 创新绩效评价方式

在预算绩效管理中，相关部门应该采取一定的措施来不断创新绩效评价的方式，从而使评价更加客观、有说服力。具体而言，相关部门可以采用如下几种方式来评价：第一种，外部评价和自我评价结合起来；第二种，上级评价和下级评价结合起来；第三种，定性的评价和定量的评价相结合等。相关部门应该多尝试把几种不同的评价方式结合起来进行绩效评价，从而使评价客观、公正，满足人们的需求。

(3) 完善绩效评价指标

在预算绩效管理中，绩效评价指标是一个十分重要的因素，它是一个重要的参考标准，是人们评价财政资金支出产生绩效的评判标准。因此相关部门要不断完善绩效的评价指标，使指标体系更加科学、全面、标准，从而使预算绩效管理工作开展得更加顺利。

（三）完善"三个环节"内容，实现绩效目标、监控与评价的有机衔接

在预算绩效管理中，人们应该重视各个环节的质量，使每个环节都能够有效地衔接起来，确立完整的框架体系，其中最重要的就是做到绩效目标明确、绩效执行有监控以及绩效的合理评价，简而言之就是"事前有目标，事中有监控，事后有评价"。

1. 完善事前绩效目标管理的内容

在整个预算绩效管理的过程中，绩效的目标管理是十分重要的基础环节，它是预算绩效管理其他环节实施的前提条件。相关的部门只有制定了全面、准确的绩效目标，人们在执行预算绩效管理的过程中才可以朝着既定目标的方向努力。需要强调的是，相关部门在制定绩效目标时应该不断拓宽目标的深度以及广度，使目标覆盖的范围更加广泛。

2. 完善事中绩效监控管理的内容

在预算绩效管理中，人们关注最高且最重要的环节就是绩效监控的环节。相关部门的工作人员应该做好财政资金的监控工作。人们不仅要扩大财政资金的跟踪以及监控的范围，还要不断提升财政资金的跟踪以及监控的质量，从而提升财政资金的利用效率。总之，事中监控要有较强的针对性、目的性，才能提升监控的效果。

3. 完善事后绩效评价管理的内容

绩效评价管理是全过程预算绩效管理的中心。要进一步提升绩效评价管理，在绩效评价项目数量和资金覆盖面不断扩大的基础上，加强对重大民生支出等项目的重点评价，促进实现从项目支出评价到整体支出评价、重点领域评价和财政政策评价等内容的拓展，加大绩效评价的深度，加强绩效管理的着力点和关键环节，注重财政支出的政策效应和结果导向，提高绩效评价的社会影响力。

（四）硬化结果应用的"四个结合"，促进预算绩效管理深化

绩效评价结果应用是预算绩效管理体系的"总枢纽"，是承接绩效评价与绩效目标的联结点，评价结果应用既是上一个环节（绩效评价）的结束，同时又是下一个环节（绩效目标编报）的开始，其应用程度如何直接决定着预算绩效管理的开展成效，也影响着全过程预算绩效管理机制的有效形成。只有加强绩效评价结果应用，促进"四个结合"，才能不断深化预算绩效管理。

1. 绩效评价结果与预算资金安排相结合

要加大绩效评价结果对下一年度预算的指导性作用，形成直接的影响，而

不是仅仅停留在对预算安排的参考层面，要使之成为预算决策科学的主要依据，发挥结果导向的引导机制，防止绩效评价结果与预算编制等工作"两张皮"，对绩效评价结果不好的项目支出或同类型的支出，原则上，在下一年度预算安排时应以绩效为依据进行调减，切实发挥绩效评价结果的应有作用。

2. 绩效评价结果与完善管理制度相结合

针对绩效评价发现的因管理制度不健全、不完善，导致项目实施、资金使用存在问题的情况，要认真分析研究，提出改进意见和建议，及时反馈被评价部门和单位，督促其健全完善相关管理制度，规范预算资金程序和使用方式，提高资金使用效率和预算管理水平，以便促进被评价单位行政管理能力的提升。

3. 绩效评价结果与通报、报告和公开相结合

一方面，要加强对绩效评价结果的审核与分析，向被评价部门和单位进行通报，使其知道"结果"；另一方面，要将绩效评价结果向政府、人大等部门进行报告，为政府决策和人大监督提供参考依据，使其承担"后果"。同时，要在逐步推进部门内部公开的基础上，扩大向社会公开的范围，特别是对一些社会关注度高、影响力大的民生项目和重点项目绩效情况，应依法向社会公开，接受社会和公众监督，不断提高财政透明度。

4. 绩效评价结果与责任追究相结合

在实际的预算绩效管理工作中，相关的政府工作人员一定要在具体的工作中利用好绩效评价的结果，使这个评价的结果能够很好地指导奖惩措施的实施以及责任追究等。在工作中，对于那些绩效评价结果比较优异的单位，相关的部门应该给予适当的奖励，这种奖励既可以是物质形式的奖励，也可以是精神性质的奖励，对于那些绩效评价结果较差的单位，相关的部门也应该进行惩罚。最终建立一种高效的绩效问责机制。在问责机制运行的过程中，遵循的原则就是"谁使用了财政资金，谁就应该对这些财政资金的使用负责"，从而提升财政资金的利用效率。

（五）夯实基础保障的"五项工作"，做好预算绩效管理配套

基础工作是全过程预算绩效管理的"基石"，深入推进预算绩效管理必须有相应的基础措施予以保障，才能扎下强有力的"根须"。下面应重点做好以下"五项工作"，以促进配套保障工作。

1. 加强对预算绩效管理工作的组织领导

加强对预算绩效管理工作的组织领导需要从以下几个方面着手：第一，大力推动我国中央部门以及地方财政部门共同成立相应的预算绩效管理工作领导

小组，从而使领导结构更加完善；第二，不断协调和完善领导机制和监督机制，从而为预算绩效管理提供相应的机制保障。

2. 加大预算绩效管理理念及理论的研究、宣传和培训力度

政府相关部门人员以及相应领域的专家和学者等都应该不断深入地研究有关预算绩效管理的理论和实践，政府可以通过多种途径来深入研究，如可以组织我国的各个高校以及研究机构等来深入研究预算绩效管理的理论，并将研究的成果等进行讨论，形成有力的理论支撑。当研究取得了一定的理论成果之后，相关的人员还要把这些研究的成果付诸实践，并加大宣传的力度，使这些理论能够为预算绩效管理提供强有力的理论保障。此外，相关部门的人员还需要增加培训的力度，需要培训的人员队伍非常庞大，不仅包括政府部门的预算绩效管理人员，还包括第三方机构组织的人员，只有这样才能使我国的预算绩效管理人员队伍更加壮大，业务能力更强，才能为我国的预算绩效管理奠定坚实的人才基础。

3. 推进预算绩效管理信息系统建设

政府相关部门应该积极地推进预算绩效管理信息系统建设，这对于预算绩效管理而言具有十分重要的意义。虽然我国在预算绩效管理的信息系统建设方面起步较晚，建设的力度和范围都比较小，但是我们应该在已有的基础之上不断开发和完善现有的信息系统。具体而言，政府应该投入经费和人力等建设相应的交换平台，也需要整合各项信息资源，同时更新和建设相关的数据库等资源，如指标库、专家库等。国家不断推进预算绩效管理信息系统建设的根本目的就是为了实现各项相关资源的数据共享，增强国家对数据的应用能力，从而为相关工作提供技术支撑。

4. 引导第三方力量更多地参与到预算绩效管理中

众所周知，在预算绩效管理中，第三方的力量是不可以忽视的辅助主体，有了第三方力量的辅助和支持，预算绩效管理各项工作才能够开展得更加客观、科学，才能够为预算绩效管理提供有力的智力支持。

5. 调动多方积极性形成推进预算绩效管理的合力

充分调动社会各界的积极性，发挥人大、纪检监察、审计等部门的作用，积极接受外部监督，加强社会公众参与，将公众满意度作为绩效评价的重要指标，提高评价结果的认可度，发挥社会合力，形成共同推进的力量，为预算绩效管理提供外部保障。

第二节　中国预算绩效管理改革细化

一、深化改革，为绩效预算提供制度基础

要进一步深化预算改革，推动建立转向绩效预算的制度框架，为下一步实施绩效预算创造条件，铺就未来改革的"奠基石"。

第一，进一步深化各个方面的改革。政府深化改革包括很多方面，如部门的预算、政府的采购项目等。相关的部门在做预算管理时需要将政府的各项收入都纳入其中，从而使预算管理能够更加全面和科学。部门还要把资产管理和预算管理进行结合，实现对政府资源和国库资金的有效管理与控制，改变政府部门"逐利"动机带来的职能异化现象，使部门预算变成名副其实的综合预算，强化部门预算编制和执行主体地位，促进其预算资源的统筹责任和绩效责任，为下一步增强部门自主权建立规范的控制体系。

第二，按照实际情况逐渐引入政府会计权责发生制。众所周知，我国政府在公共预算领域目前使用最为广泛的就是实行收付实现制会计制度，而这种预算管理也并不是万能的。在当前的情况下，我们就应该找出另外的应对方式，比如依靠政府实行会计权责发生制，不仅能够提高管理效率，还能够为改革提供更好的契机。

第三，研究探索中期预算框架。中期预算管理是绩效预算的一项重要制度保障，要研究探索以绩效目标为依据，将注意力放在预算提升的连续性以及前瞻性上，从而让中期预算制度能够得到顺利实现，这样也能体现出政府的战略规划，实现预定目标与政府规划周期的契合，使政府战略规划成为绩效预算的起点和载体，促进财政资源在一个中期预算周期内的有效产出。

第四，采取一定的措施使预算可以进一步公开。相关的部门还要采取各项措施使预算变得更加透明，使更多的机构可以看到预算的各个环节，如目标的确定、资源的分配以及资金的具体使用等。

二、完善预算绩效管理，推动绩效机制转变

进一步推动绩效机制的转变，实现预算绩效管理模式向完全绩效预算模式的递进式发展。即由原来绩效管理和预算管理"融合"转向实现绩效与预算

的"结合"，加强资源分配与绩效的联系；由预算管理中"嵌入"式的绩效管理转向实现绩效对预算管理的"主导"式管理，强化绩效对预算的影响；全过程的预算绩效管理要逐渐由"先配置资源，再看绩效"，转为"先看绩效，再配置资源"；由以部门预算为主的管理转向对政府支出绩效和部门产出的管理，实现预算绩效与政府职能的衔接。在这一转变过程中，应推动形成适应绩效预算的机制，主要核心内容如下。

第一，使绩效的重心能够转移。在改革之前，政府绩效的重心就是采用事后绩效评价的方式进行结果评价，现在改革逐步使绩效的重心转移到绩效目标的制定和安排的方面。目前，在新的预算绩效管理制度中，绩效的重心已经发生了转移，这种绩效形式更加高效。

第二，使绩效的责任能够转移。在改革之前，我国预算绩效管理的绩效责任主要由财政部门负责，改革之后，我国预算绩效管理的绩效责任分配给了各个部门，各个不同的部门来对部门的资金使用情况负责，如果部门没有合理地使用资金，造成了资金的浪费以及资金的不合理使用，相应的部门需要承担一定的责任，即实施绩效问责机制。

第三，促进绩效自主权的转移。现行的预算绩效管理体系虽然引入了结果导向的理念，但根本上仍是着眼于投入控制；而绩效预算则是一种产出控制模式，为实现相应的产出，与部门责任相对应的则是逐步赋予部门更多的自主权，包括人事管理和资金管理权等，放松对其严格的预算控制和过多的行政干预，以保证其顺利完成产出目标，实现应有的绩效。

三、引入市场机制，完善公共产品和服务提供方式

政府部门应该着力提高服务质量，为社会提供更多的公共产品，为了达成这一目的，可实施绩效预算。分析西方国家的经验，可以得出这样的结论：引入竞争机制，能顺利实现公共产品的完善，改善预算绩效，其中，绩效合同、购买公共服务等都是非常有效的方法。

引入竞争是绩效管理的延伸。政府要想完善公共产品以及各项服务的提供方式，就应该合理明确政府以及市场的边界，明确政府的公共职能，并且在市场的导向下，适当引入一定的竞争机制，从而逐步提高支出绩效。

实际上，在当前的模式下，对于政府而言，都是与各部门直接签订各项绩效合同，这样利于公共产品以及服务的顺利落实，并且不同的部门也可以根据自己的情况选择合适的产出方式，不管是竞争承包还是招标等，各部门都可以采用自己的方式达成目标，这样显然可以降低政府部门公共支出的成本，从而逐步提高资金的使用效率。

从 2014 年起，我国已经开始实施了政府购买服务试点，这是完善公共产品和服务提供方式的有益探索。同时，政府还应配合公共产品和服务的生产与提供，强化公众参与和监督机制，按照社会公众的意愿，提供满意的公共产品和服务，保障公众知情权的实现。

从 2004 年开始，我国逐步实施了政府购买服务试点，这是对提供公共产品以及完善服务方式的有益探索，同时，为了强化公众的参与程度，使得公共产品能被更好地生产出来，各级政府就应该充分尊重社会大众的意愿，为他们提供满意的产品与服务，这也是尊重公共知情权的一种体现，从而形成一种"鱼缸效应"，促进政府部门履职。

四、推动政府绩效改革，形成内外一体格局

从国际上绩效预算发展起源看，很大程度上是源于政府绩效管理的需要，体现为政府绩效改革的产物，这是因为预算是政府职能的反映，政府的绩效必然通过政府支出来实现，并为预算绩效提供稳定的政治支持。同时，政府绩效管理与预算绩效管理都建立在以公共部门为单元的载体上，有着共同的预算基础，核心目标都是为了提高政府行为绩效，以结果为导向，二者相互继承、相互促进。因此，在我国推动绩效预算改革，必须以政府绩效管理为依托，与行政体制改革同步，避免形成"木桶效应"，围绕建设"服务型"政府，清晰界定政府职能，推动政府绩效改革的有序开展，形成内外一体、协调推进的格局。

一是将绩效预算的理念引入政府绩效改革。绩效预算重视产出、以结果为导向的理念，与政府提供优质、高效服务的本质是一致的，都是促进政府部门履职，致力于提供更多更好的公共产品和服务。要将绩效预算的理念作为政府绩效改革的引领，推动政府施政理念和行政方式的转变，转向为民"办实事""办好事"，促进公共产品和服务的优质、高效，花好纳税人的钱，实现依法理财、科学理财、高效理财，强化政府的产出责任，建设高效、透明、责任政府。

二是以绩效预算的内容丰富政府绩效管理的手段。绩效预算是资源优化配置的体现，强调绩效目标与政府战略规划的衔接，是政府决策的管理基础，要以绩效为核心，实现绩效预算与完善政府决策的结合；绩效预算是提高支出效率的手段，注重公共支出的成本—效益分析，是降低行政成本的措施保障，要以产出为抓手，实现绩效预算与提高政府效率的结合；绩效预算是权责明确的体现，要求在绩效合同下实现预期的承诺，是建立问责机制的制度根本，要以结果为导向，实现绩效预算与改善政府产出与效果的结合。作为政府行政行为

的最直接体现，绩效预算内容及其制度的建立健全，必将丰富政府绩效管理的手段和方法，促进政府绩效目标的实现。

三是用政府绩效的要求推动绩效预算深入实施。政府绩效包括预算绩效，预算绩效是政府绩效的重要组成部分和核心内容，是政府追求更高责任和效率的体现。政府绩效的改革可以对绩效预算实施提供较好的外围环境和政治上的支持，特别是在绩效理念的推行、行政管理制度的变革等方面为绩效预算改革扫清了障碍，创造了适宜的外部条件。通过推进政府绩效，推动公共职能的实现，要求有相应的预算制度作支撑，以最优资源配置作为驱动，进一步优化预算支出结构，保证公共产品和服务提供的数量与质量，实现政府治理的目的，促进政府行政效率提高，这些正是绩效预算所要承担的重任。

五、加强法制体系建设，建立立法保障环境

绩效预算的法制体系建设是一个长期的任务，应该尽快建立健全绩效预算立法，从而促进预算绩效管理系统规章的形成，将有关理念、机制等以法律法规的形式明确下来，为绩效预算的形成建立良好的法律保障。在具体法制体系建设上，应当树立长期思想，有计划地逐步推进。

一是推动预算绩效管理的行政法规建设，在条件成熟时，就可以制定《预算绩效管理条例》，从中央行政层面确立预算绩效管理的地位，为绩效预算"发芽"松土。

二是推动《预算法》修改，在《预算法》修正案中增加预算绩效管理的相关内容，细化对政府及其部门的法律要求，提高绩效管理法律层级，引导全社会形成预算绩效的法律意识，为绩效预算"生根"浇水。

三是在渐进推出绩效预算试点并总结经验的基础上，形成相对系统的规章制度后，比照成熟市场经济国家的做法，积极研究绩效预算法律框架内容，做好相关法案起草准备工作，适时向全国人大提出绩效预算的立法计划，推动出台关于绩效预算的单独法律，构建关于绩效预算的法律体系，为绩效预算"开花"施肥。

四是应该发挥政府的作用，尽快推出单行法，这样就可以有明确的法律条文可以遵循，并且形成一种绩效预算的正确方法，构建起完善的法律体系，从而实现上下联动。

第三节　中国预算绩效管理未来展望

一、从横向、纵向、时间维度设计与优化预算绩效管理制度框架

目前，关于预算绩效管理的研究多为对预算绩效评价的具体方法、具体领域或者是对预算绩效管理全过程的某一个具体部分进行研究，而缺少对预算绩效管理的完整性、全面性考察，未能充分体现出我国"全面实施"预算绩效管理的新目标与新要求。

多数研究者都将主要精力放在了对一般公共预算管理的研究上，但是却忽略了其他的一些组成部分，比如政府性的基金预算、社会保险预算等类似的非一般公共预算项目。除此之外，也鲜有学者去研究绩效管理的动态周期问题。

面对这样的研究现状，需要全面地考察预算绩效管理的各个流程与阶段，从横向（预算绩效管理内外部评价主体）、纵向（政府层级差异和区域差异）和时间（预算绩效管理周期和中期财政规划）维度的三维分析框架，来设计与优化全方位、全覆盖、全过程的预算绩效管理制度框架与路径选择。

二、运用大数据，构建预算绩效管理的新方法

在研究预算绩效管理技术的时候，前人更多的是借鉴国外已有的评价方法和技术，或关注已有评价技术的版本升级，而缺少对大数据、人工智能等技术变革的创新性探索。大数据作为目前预算绩效管理研究探索较多的新技术方向，许多研究者还只是从理念上和思想上考虑大数据的新特征，缺少对大数据技术，尤其是人工智能技术在具体绩效管理实践中的应用进行研究。在当前的预算绩效管理改革实践中，"人海战术"式的绩效评价方式其局限性将会日益明显。

因此，需要从技术突破的创新视角出发，探索运用人工智能分析技术对绩效评价标准、指标以及目标的选择和使用，充分运用大数据在各层级财政间的数据共享，以及数据挖掘、数据分析等多方面的优势，从而找出预算绩效管理的创新方法。[①]

---

① 马蔡琛. 预算绩效管理改革研究综述 [J]. 湖南财政经济学院学报，2020（6）.

第八章　高校预算绩效管理

在当前社会背景下，人们的生活水平得到了日益提高，所以当下的人们更加重视教育，与以往相比，教育领域也发生了很大的变化。

高校教育体制改革日益成为人们关注的焦点，而在高校中，预算管理是财务管理中一个不可或缺的组成部分，自然引起了相关部门的注意。高校预算管理不仅能够在很大程度上体现出一所高校的一些基本情况，而且为高校各种财务活动的开展提供了必要的支撑条件。

在当今市场经济的大背景下，高校财务管理的中心工作就是预算管理。高校只有将预算管理摆在至关重要的位置，才能使资金的效益得到充分的发挥，从而最大限度地提升高校财务管理的水平，进而推动高校的可持续发展。就当前来看，高校在办学规模上呈现不断扩大的趋势，这导致了高校资金面临一些挑战，如资金流量增加速度快、资金运动方向无法确定等，随之而来的是财务风险的增加。面对这种情况，高校应当给予足够的重视，不断从管理理念上进行创新，切实做好资金的预算管理工作，以保障高校资金最大限度地发挥效用。

第一节　高校预算绩效管理概述

一、高校预算绩效管理的内容

对于高校预算绩效管理的内容，很多学者都提出了自己的见解，下面选取几个比较典型的观点加以介绍。

李淑宁认为，高校预算绩效管理包括这样几个方面的内容：一是明确了绩效在预算目标中的重要作用，并且也对预算管理的一些原则进行了明确；二是推动预算编制绩效性的不断增强，使预算资金得到了最优化的配置；三是将绩效作为根本的目标从而对预算执行工作进行有效的控制，以保障预算工作的严肃性；四是对于预算支出的绩效考核工作应当加强重视。①

方美翠认为，高校预算绩效管理并不是一项独立的工作，而是一个复杂的系统，这个系统的正常运转既要依赖系统内各项因素的配合，也离不开系统外制度与环境的保障。就目前来看，我国的高校预算绩效评价制度虽然获得了较多的关注，并且改革取得了一些成绩，但是，从整体上来说，在评价体系上还是有明显的不足的，因此，建立一个合理的、规范的、科学的、完整的高校预算绩效评价体系势在必行。通常来说，这一体系应当涵盖三点内容，一是绩效指标体系，二是绩效目标，三是绩效目标分解，在高效预算绩效指标体系建设的过程中，可以从三个方面进行，即综合实力、运行绩效以及发展潜力。②

刘迪梅认为，高校预算绩效管理主要涵盖四个方面的内容：一是绩效预算领导工作的强化；二是推动预算不断朝着统一与完整的方向发展；三是合同管理方面工作的强化；四是对财务评价以及业务评价之间的关系进行重建。③

我国高等教育的发展非常迅速，因此许多高校正面临着诸多挑战，要想更好地应对这些挑战，当务之急就是应该优化高校的资源，并且发挥各种资源的优势，从而不断提高资金的利用效率，那么，各高校就应该将绩效管理当成当前财务工作的重中之重。

二、高校预算绩效管理的特点分析

从整体上来看，高校预算绩效管理在流程上同一般组织并没有非常大的区别，但是高校作为事业单位，也有其自身的特点。

（1）高校不以营利为目的。高校编制预算是为了合理安排资金，实现学校主要事业任务及长远的发展。但是，高校发展目标如何量化却是一大难题。例如，人才培养是高校的基本目标之一，但是人才的标准如何确定，如何用量化的手段表现出来，是值得我们进一步探讨的问题。另外，对高校而言，人才的培养不是一蹴而就的，学生毕业时并不能直接反映教学成果，在短期内无法鉴定目标实现的程度，预算绩效难以量化。因此，从这样的角度来说，高校预算要做到与高校发展目标相符还有一定难度。

（2）高校的利益相关者包括多方，如教职工、学生、社会大众和政府，

---

① 李淑宁，聂保清，胡周娥. 浅议加强高校预算绩效管理 [J]. 陕西省经济管理干部学院学报，2004 (4).

② 方美翠. 浅谈高校预算绩效管理 [J]. 昆明医学院学报，2009 (3B).

③ 刘迪梅. 高校预算绩效管理的实践与思考 [J]. 广东科技，2010 (14).

高校与这些利益相关者之间的关系虽不涉及经济利益，但高校仍要对这些主体负责，实现高校教学、科研和社会服务的功能。所以，对于各高校来说，就应该将预算绩效管理目标融入高校预算编制中，它不只是财务部门的任务，相关责任部门也应参与其中，这样，高校预算才能合理、全面地反映高校发展的目标。

（3）当前高校收入的主要来源是财政补助和上级补助，高校预算是政府部门预算的组成部分，因此，高校在编制自身内部预算的同时，还需要编制财政的部门预算。因此，高校预算绩效管理的又一特性体现在与政府部门预算的衔接上。

综上，由于高校的非营利性、利益主体的多元化等特点，预算管理也会受限于各种因素，所以会存在自身的特殊性。

三、高校预算绩效管理的重要性和必要性

高校预算绩效管理最集中体现的是综合财务计划，它是根据学校的事业计划来确定的，是高校事业计划在经济上的一个总的纲领性的计划，反映一定时期内学校的财力状况、资金的来源和运用情况，是学校有一个良好经济秩序的保证。

目前，高校普遍存在着财力不足的问题，那么实施预算管理就显得格外重要，预算管理能力的高低会对事业计划的完成与否产生重要影响。预算管理的成败，就是能否利用有限的经费多办实事，保证学校有一个良好的经济秩序。

预算管理是学校的管理者和决策者作为管理本单位的一个重要工具，校领导可以从预算的执行情况中及时发现问题，采取相应措施，保证事业计划的完成，促进事业的发展。[1]

---

[1] 吉联芳．教育财会理论与实践——江苏省教育会计学会论文集 5 [M]．南京：东南大学出版社，1994：190-191.

第二节　高校预算绩效管理现状揭示

一、预算编制中存在的问题

（一）预算编制缺乏前瞻性和科学性

在相当长的一段时期内，高校预算编制的标准都是以年度的日常收支作为根本依据的，在此基础上，也会对一些能够对收支产生影响的因素加以考虑，往往没有经过科学的分析预测，都是根据经验行事，对于资金的配置也只是根据以往的收支情况进行安排，很明显，这是预算编制与高校收入预测的脱节，是一种前瞻性的缺失。如此一来，一些本来预算就虚高的部门在资金上反而更加充裕，而那些真正需要资金支持的部门反而资金非常紧缺，长此以往，这种资金配置的不合理会对资金的使用效率产生非常不良的影响。

除此以外，学校战略规划在制定的过程中往往没有预算编制人员的参与，这就导致预算编制人员无法对学校的发展形成系统的认识，也就无法了解学校各种复杂的业务活动以及学校下一年的工作计划；预算编制的各个部门之间过于独立，缺乏有效的沟通；学校的预算编制只有少数人员参与，大多数成员都对此知之甚少，如此一来，很可能导致预算脱离学校发展的实际需求，造成资源的浪费。由此可见，学校预算编制的目的不够明确，缺乏科学性，这对于学校的长远发展非常不利。

（二）预算编制内容不全面

就目前来看，高校普遍实行的是综合预算管理策略，即以高校全年的总收入与总支出为依据。如果从理论上来分析的话，这种综合性的预算编制对于学校资金运转情况能够作出较好的反映。然而实际上，这种综合预算编制存在非常明显的弊端。众所周知，高校的资金来源渠道并不是单一的，而是多元化的，并且呈现出不断增加的趋势，在此情况下，一些院系和部门的资金收入可能就没有列入整个高校的预算体系之中，因此资金的配置也必然缺乏有效的监督。其后果是这部分资金脱离了高校预算绩效管理的控制，很容易导致一些问题的产生，如贪污、腐败等，这对于资金的安全是极为不利的。一般来说，脱离高校预算绩效编制的资金通常有以下几方面：一是一些院系私自截留的办学收入；二是一些部门私底下向学生收取的各种费用；三是违反学校规定私自留存的各种培训费等；四是违反学校规定私自留存的对内及对外服务获得的收入；五是对学校的资产设备私下进行出租、变卖而获得的收入。为了最大限度地将学校资金的收支情况展现出来，《高等学校财务制度》针对高校预算提出了一些崭新的理念，也明确了"大口径"的范围，但是需要引起注意的是，在具体的实践中，高校编制的预算往往非常单一，只涵盖了教育事业费用，而其他如基建收支、科研收支等都不包括在内，这种情况与"大收大支"的预算编制原则明显是不一致的，而且在格局上也与"大预算"相去甚远。

在高校的诸多收入中，财政拨款、事业性收费以及科研经费是三种最为主要的收入，然而高校在对收入预算进行编制时，往往无法对这三种收入做出比较准确的估计，还有一些其他的收入预算也无法做出准确的估计。

除了收入预算以外，高校支出预算的编制也会存在比较大的偏差。与收入预算相比，支出预算具有更强的可控制性，但是，高校对于未来可能会发生的各项支出，也是无法准确估计的。对于这一问题，高校很多时候可以提留机动经费来解决。然而，这又不可避免地引发新的问题：一旦机动经费紧缺，就容易导致预算执行过程中没有足够的款项可以支出；而一旦机动经费太多的话，又非常容易使预算执行中不可避免地出现更多的随意性。

（三）预算编制方法有失妥当

一般而言，各高校在进行预算编制的时候一般采用基数加增长的方法，主要的原因在于该方法操作比较简单。但是，这种方法也是存在一些不足的，不但不够透明，而且不科学、不规范，这显然没有遵循公平的原则。如果采用了这种方法，那么在编制新一年预算的时候，会依照去年的数据开展，但是，需要注意的是，上一年的预算并非完美无缺，这就导致其中一些不合理的部分被忽略，预算编制问题重重。这种预算编制方法在很大程度上阻碍了资金的合理分配，导致学校各个部门在资金预算上盲目增加，忽视预算在实际执行中的具体情况。这样一来，必然阻碍资金的优化配置，造成资金的严重浪费，进而阻碍高校的长远发展。

也有一部分高校在进行预算编制时采用零基预算法，这是在企业中比较常见的一种方法，也可以将这种方法用于实践中，但是这种方法在推行起来却问题重重，主要表现为以下几点。

（1）实行零基预算有两个基本的要求，一是机构的设置必须精简，二是职责必须明确，只有这样才能更好地确定决策单位并将一揽子决策的数量控制在合理的范围之内。但是，就当前来看，各高校在编制职能机构的设置上并不合理，不同部门之间的职责范围也不清楚。这种条件显然是不适合采用零基预算编制法的，否则很容易出现决策单位不明确的问题，也很容易导致一揽子决策的失误，从而造成资金使用的浪费。

（2）从整体上来看，零基预算仅仅能反映出日常经费的支出情况，但是对于那些建设性的支出是无法反映的，同时也无法反映出发展性的支出状况，当然也无法反映预算外的资金以及自有资金。

（3）一般来说，零基预算所采用的数据主要是从各个部门与单位获得的，因此数据的真实性、准确性与完整性自然无法保证；此外，如果涉及一些比较灵活的项目，在软指标不太好确定的情况下，一揽子决策也会出现比较大的随意性。

（4）零基预算所涉及的内容是非常丰富的，并且也有着极为烦琐的程序，所以对于技术的要求也比较高，参与预算的工作人员需要具备数学模型建构能力与预算分析能力，而且在编制预算时，需要搜集较多的信息，开展大量的工作，操作起来难度比较大。

（四）预算编制时间不合理

要保障预算编制的质量，充足的时间是必不可少的。就当前来看，多数高校通常都是在十二月份才会将下一年度的预算编制工作布置下去，并且会要求在一月份完成。前后的时间加起来也就短短的两个月，面对庞大预算编制工作量，时间非常紧迫，这就导致很多预算项目出现论证不足的问题，还有的会出现分析数据模糊的问题。从很大程度上来说，一些预算编制不科学、不合理就是预算编制时间的不合理造成的，与之相应的是，预算执行的过程中就很可能出现经费不足的尴尬局面。

（五）预算编制人员不符合要求

预算编制作为高校财务管理一个不可或缺的组成部分，其重要性不言而喻。预算编制不仅仅是少部分人的事，而是涉及高校全体成员的事情。因此，高校全体人员都应当积极参与预算编制工作。然而，就目前来看，高校预算编制的过程普遍存在不透明、不公开的问题；而且，一些部门以及教职工普遍认为预算编制与自己不甚相关，也未认识到预算编制的重要性，从而不积极对预算编制的过程进行监督。所以，长久以来，预算编制主要是由学校财务部门单独完成的，而这必然会导致一些不合理因素的出现，进而影响资金的公平、合理分配。实际上，高校的预算编制涉及的是高校全体人员的利益，因此全体人员都应当积极参与预算编制的协调性论证，以保障预算编制的科学合理。

还有一项因素会影响预算编制的质量，那就是参与预算编制的队伍素质，如果参与人员水平参差不齐，就可能导致同一项目的预算编制出现差异，进而影响项目资金的合理分配，导致资金无法最大程度地发挥效用。长此以往，对于学校的持续稳定发展也是十分不利的。

二、预算执行中存在的问题

（一）预算执行缺乏约束力

很显然，高校在预算编制上是有一定的权威的，因此应当具备很强的约束力。在预算编制经过批准并下达到各个部门之后，如果没有特殊情况是不允许更改的，高校所有的部门和成员都应当严格按照预算编制执行。然而，就当前来看，很多高校的预算编制虽然比较完善但是却依旧存在很多问题，无论是权威性还是严肃性都面临极大的挑战。

从收入方面来看，高校在预算收入上很多时候都会存在入账时间不及时的情况，还有时会出现长期挂账的问题，这些问题必然会导致更严重的问题出现，如会计报表信息不真实等；从支出方面来看，也存在一些比较明显的问题，如认识不到资金节约的重要性、预算不能及时安排到位等，有时候，即便预算资金已经安排到位，但是由于一些人为因素的影响，预算在执行的过程中也会出现资金不足的问题而需要追加资金，如此一来，显然已经不符合原有的预算编制预期。这些情况的出现都在很大程度上导致高校预算在执行过程中丧失应有的约束力，对于高校预算绩效管理是非常不利的。

（二）预算执行机制并不健全

在执行的过程中，高校预算也存在一些明显的不足，即机制不健全。这在以下方面可以体现出来：违背既定的预算编制口径，资金支出随意；很多预算项目在资金的支出问题上比较模糊，不同项目之间存在经费混用的情况，报销的经费也经常不对口。

除此以外，一些高校在进行校内预算拨款管理时采用的是成本中心的模式，通常是向管理部门分配既定的预算指标，然后再由管理部门把指标向下进行分配。这样一来，整个过程涉及的部门和环节比较多，加上预算编制不够精细，因此在执行的时候，很容易出现中间部门私自截留下级经费的问题出现，而一旦下级单位经费不足，则很容易导致目标无法达到预期。

（三）预算下达不及时

通常来说，由于高校预算编制耗费时间较多，在下达到各级部门和人员之后，通常都会到四月份，而此时已经过去了一年中三分之一的时间。而在这前四个月的时间内，由于预算编制没有下达，整个高校都面临一种没有预算管理的尴尬局面。这样一来，如果高校的一些部门需要资金的话，就只能依靠预算赤字来解决当前的问题，而在具体的支出金额上也只能参考上一年的标准。实际上，这对于高校的财务管理来说是一个非常大的隐患。

三、预算控制中存在的问题

（一）事前控制的问题

就目前来看，高校预算编制中普遍存在的一个问题就是时间紧迫，匆忙之中做出的预算编制缺乏长期发展规划，对整体资源的安排也缺乏合理性，还有更为突出的问题，就是无法对学校下一年度的发展情况、财务状况以及资金流动方向做出有效的分析。这很明显是在事前控制方面没有做好文章。此外，事前控制还有一个问题就是预算的下达非常不及时。正如我们所知，高校的预算是对学校一年内发展情况与财务状况做出的整体性的规范，一旦预算下达时间拖延，各部门与人员就无法及时根据预算安排各项事宜，这在很大程度上阻碍了学校的有效管理。

由于在预算时间上缺乏保障，再加上预算下达不及时的问题，导致事前控制无法按照预期进行，也无法发挥其应有的作用。

（二）事中控制的问题

一般而言，我国的高校都实行全面预算管理，但是从当前的情况来看，预算控制主要采用的方式是事后控制，缺乏事中控制。

在将预算下达到各级部门和人员之后，必须要做的一项工作就是进行严格的监督与控制，否则预算的执行将面临很多的隐患，也就无法发挥其应有的作用。目前，一些高校在预算执行的时候，存在部门责任意识缺失以及管理手段上单一的问题，无法有效地把握预算执行的具体情况，往往在面临预算不足或者已经超出预算的情况时才发现其中的不合理之处，这样一来，事中控制也成为空谈。

（三）事后控制的问题

从理论的层面出发，高校对预算管理并没有形成全面系统的认识，普遍存在重视会计核算而忽略预算分析的问题。很多高校认为，在预算执行的过程中只要遵守规定并且将资金控制在预算指标的规定范围之内就可以了。此外，由于事中控制存在诸多问题，管理人员无法有效地把握预算执行过程中的具体情况，从而对事后控制造成了很大的难度。如此一来，事后控制不到位，会在很大程度上影响未来的年度预算分析，也会对教职工的激励造成诸多不良的影响。

四、预算评价中存在的问题

在目前的高校预算评价中，普遍存在的一个问题就是方法过于单一、片面，这带来的直接后果就是预算评价缺乏科学性，从而影响奖惩结果的严谨性。通常来说，我国的大部分高校在预算考核上多采用的是在年末进行综合考评的方式。但是在具体的操作过程中，由于很多高校的预算编制存在比较多的漏洞，而且在预算执行中也未进行有效的调整，从而使预算指标计划同预算评价无法形成有效的统一；此外，很多高校的预算评价体系本身就存在诸多不合理性因素，评价结果往往不确定，随意性较强，所以很多时候，得出的评价结果并不能如实地对预算的实际情况做出良好的反映，更无法为以后的预算编制提供有益的指导与借鉴。

在预算评价中，受关注度比较多的一个环节是奖惩制度，这一制度能够对高校的各个部门与全体员工起到较好的约束和激励作用。如果从理论的层面出发进行分析，各高校在开展预算管理的时候，也产生了奖惩的相关制度与标准，从而使预算评价可以按照既定的奖惩制度进行。然而，实际上，当前非常多的高校对于预算管理制度的重视性仍然有所缺失，从而导致奖惩措施出现不合理、不公平的情况，一些非常节约的部门往往得不到有效的激励，而浪费的部门也没有得到应有的惩罚。与此同时，预算评价中的监督也不到位，其带来的必然后果是部门盲目扩大预算规模，导致资金利用效率低下，从而对高校的长远发展造成诸多不良的影响。

第三节　高校预算绩效管理优化策略

一、高校预算编制的优化策略

（一）树立预算编制的全局观念

高校在进行编制预算的时候，应当重视预算方案的制定，只有将学校发展的主要目标、实践路径以及各种对目标产生影响的因素列入预算方案中，才能保障高校发展战略更好、更快的实现。具体来说，预算的编制应当将高校的整体发展规划作为基本的前提，所有的环节都以高校的中心工作为依据来开展，这样才能够不断推动校内各个部门的有效参与，使全体教职工都做到职责分明，并且积极主动地了解高校的发展状况。总而言之，只有在预算编制时树立全局观念，才能提升预算指标的科学性，从而使预算指标更符合学校发展的实际需求。

（二）协调高校预算与财政部门预算

当前，在预算改革方面，政府部门已经采取了诸多措施，并且取得了许多成效，但是高校的预算改革并不尽如人意。针对这一情况，财政部门应当仔细分析高校管理的现实需求，根据高校的实际需要，出台相关的政策，制定完善的预算调整相关策略及审批的具体程序。在这项工作之前，高校应当积极采取一些措施：首先，预算的编报时间应当有较好的衔接。一般来说，高校的预算编制通常在上一年的年底进行，到下一年的年初下达到各个部门执行，但是就部门而言，其预算编制的时间则要早得多。所以，高校应当适当地提前预算编制的时间，以实现与部门预算编制时间的良好衔接。其次，做好高校会计科目的修订工作。就当前来看，高校的会计科目在诸多方面都存在与部门预算不适应的问题，如科目设置、科目内容、核算口径等，这对预算的有效执行与控制来说是极为不利的。因此，高校必须不断完善会计科目的设置，才能确保高校预算与财政部门预算协调一致，从而不断优化高校预算绩效管理工作。

（三）远近结合，编制中长期预算

对于高校来说，其首要目标就是实现稳定的、可持续的发展，而要实现这一目标，最重要的一项措施就是编制中长期预算。中长期预算是一种层次比较高的预算，目的在于实现高校的长远发展。中长期预算的时长并不是固定的，高校可以根据自身的现实需求自行编制，可以是三年至五年的预算，还可以是八年至十年的预算，也可以是更长时间的预算。

需要注意的是，中长期预算的编制并不是随意的，为了更好地保障高校的可持续发展，高校必须充分分析自身的现实需求，认清现状，并与学校未来的发展相结合，在结合学校长期发展目标的前提下，开展中长期预算的编制。

此外，高校在进行预算编制时，也应该随时关注自身不同阶段的变化，并且根据预算对象的特点，进行有针对性的设计，总而言之，中长期预算应当远近结合，既关注当前的发展状况，又兼顾未来的发展趋势。

（四）合理预算收入，科学安排支出

预算编制涵盖了两个方面的内容，其一是收入预算编制，其二是支出预算编制。高校在进行收入预算编制的时候应当秉持稳健型的原则，将学校所有的合理性收入全部列入预算编制之内，既不能高估收入也不能隐藏收入，只有这样，才能确保收入预算的可靠性，并为支出预算的编制提供合理的依据。

高校在编制预算支出的时候应该秉承实事求是的原则，所编制的预算应该符合学校的发展状况，并且所列的支出项目应该能反映出各下属部门的实际效果，同时在编制的时候应该分清楚事情的轻重缓急。

二、高校预算执行的优化策略

（一）完善国库集中支付制度

要想保障高校预算执行的效果，最首要的任务就是要完善国库的集中支付制度，一般来说，那些与之不相适应的法律条文与规章制度都应该进行重新修订，促进管理办法的不断完善与更新，使之符合实际的需求；对学校的基本账户应当予以保留，对于那些非税收入，应该采用集中汇缴的策略，归集各种非税收入，并对其进行记录以及结算；针对国库改革中遇到的各种问题，如项目资金归属、资金划拨等，则允许采用学校零余额账户向基本账户转付资金的方式加以解决。

（二）强化政府集中采购管理

为了使预算执行能够更加符合预期，除了应该完善国库集中支付制度之外，还应该强化对政府集中采购的管理。就当前来看，高校的发展规模逐渐壮大，因此在内部的管理权限方面也呈现出逐渐分散的趋势。采购管理涉及的内容比较多，呈现时效性强、技术要求高以及商品采购种类多等特点。一般来说，政府集中采购的审批很严格，且程序烦琐，花费的时间比较长，在这种情况下，高校的预算在执行的时候要与既定的预算编制保持一致是有非常大的难度的。因而，应当在确保效果的基础之上最大限度地减少审批所耗费的时间，从而使预算得到有效的执行。

（三）强化内部控制

高校预算的顺利执行离不开内部控制制度的保障，因此高校应当重视建立与强化内部控制制度。一般来说，预算的资金都是有限的，在这种情况下，应当重视财务的监督工作，避免资金浪费及贪污腐败等问题的发生，从而确保资金在运作的各个环节中能够得到有效的控制，促进资金利用率的提升。例如，对于预算的支出，高校可以建立起完善的内部控制制度，对于一些公用支出，如电话费、交通费等，要设定严格的支出标准；对于各类办公用品要定期进行盘点，列出用品明细。诸如此类，强化内部控制对于高校预算执行来说是一种必不可少的保障措施。

（四）细化预算

要保障预算的有效执行，首先需要做的工作就是对预算的各项内容做明确和细化的处理。具体的细化内容应当涵盖预算的方方面面，如项目、经费、责任、标准、目的等，在此基础上将责任分配给所有参与预算执行的部门及个人，这样一来，预算执行起来就显得条理清晰，而且执行效率也会大大提升；与此同时，细化预算对于费用分析工作也是大有助益的，在此基础上节约预算成本也就变得有章可循。

三、高等院校预算控制的优化策略

（一）改进预算控制的方式

所谓的高等院校预算控制主要包括两项：一个是纵向控制，一个是横向控制。我们要想对预算控制的方式进行改进，也需要从这两个方面开展。我们既需要不断加强财政部门、教育部门等各个主管部门对高等院校预算管理的纵向监督，也需要加强高等院校内部的预算控制。

首先，我们应该构建高等院校预算控制体系，这一体系是由很多个部门统一组成的，包括财政部门、社会舆论部门以及审计部门等，这些部门会对高校预算运行的各阶段进行严密控制，并且强化自己的控制职责。

对各高校来说，他们的预算控制体系也是非常严格的，即便是在最开始进行预算申报的时候，也应该对其进行严格审查，并且对预算的执行环节以及评价环节等进行有效控制。

其次，还应该逐步加强横向预算控制，将学校资金纳入控制中，明确不同部门的分工，使得各个部门之间能够相互协调、相互配合，对信息进行共享，进而使学校内部的预算控制得以强化。

最后，要积极促进学校的预算公开。定期把学校的预算向全体教师和学生公开，并接受教师和学生的监督，在对预算进行执行和评价的时候，教师和学生的意见和建议也是值得借鉴和学习的，只有这样，预算控制才能尽可能地公开透明，最终把预算落到实处。

（二）对事中的控制进行加强

所谓的对事中的控制进行加强指的是加强对预算的约束，在预算年度的初始时期，预算还没有获得批准之前，各个部门要根据上一年同一个时期的预测资金数目来对下一年的支出进行安排，但是，在预算得以批准之后，除非是发生了重大事项，预算的变化都不是随意的，必须进行严格的把控，不能轻易进行改动。与此同时，为了让预算控制得到更加有效的落实，我们可以对各个项目的预算经费进行季节性或者年度性拨付，这样才能促进整个预算期内项目的均衡发展。只有预算方案好的前提下，预算事中控制才能有效开展，各个高等院校要尽可能地促进预算编制水平的提高，对预算编制的程序和审批手续进行较为严格的控制，从而确保预算的准确性和科学性。

（三）借助于网络手段进行实时控制

当今信息技术发展非常迅速，高等院校可以对相应的财务和管理软件进行开发，并充分利用当前的网络信息技术，及时查看资金的使用状况，及时确认资金的支出与使用情况，同时还要和预算的方案进行比较，对各个部门预算进行有效的控制。除了对预算支出的使用情况进行查询以外，还可以在财务和管理软件中使用横向和纵向的比较指标，这样的话，既能全面了解自己部门的预算的支出额度和项目的进展情况，还能对预算的支出绩效进行横向和纵向的比较。

四、高等院校预算评价的优化策略

在当前的形势下，各学校都应该根据预算目标对预算的执行情况进行考核，并做出合理的评价。高等院校的预算评价既需要对高等院校的资源总量是不是和整体的运行相符合进行评价，还需要对资源使用效益的最大化进行评价。我们要想发展高等教育事业，对高等院校的教育资源进行优化，就需要首先优化高等院校的预算评价策略。现在高等院校的预算管理体制也要求对预算进行评价。

（一）建立和健全预算评价体系

各高校都应该重视对预算执行情况的考核与评价，这样才能提高预算的执行效果；只有对预算编制的程序和方法进行改进，才能提高教师的工作积极性。高等院校的预算评价必须借助于具有一定的科学性和合理性的评价体系。只有建立较为科学和有效的考评机制，才能进行预算考评。高等院校建立预算考核系统也不是随意的，而是遵循一定的原则——科学性、实用性、完整性，并且把绩效作为核心。只有对高等院校的预算评价指标体系进行积极的构建，对高等院校的资源进行积极的配置，才能提高高等院校的资金运行效益。评价系统建立起来以后就不能轻易改变，应具有相对的稳定性。稳定的评价系统可以使各个部门和员工根据已经定好的目标不断进行努力，除此之外，还可以促进评价结果的纵向比较，从而对一定时期内预算的整体运行状况有较为全面的把握。

高等院校要想让评价体系变得更为健全，让预算评价工作变得更为制度化与科学化，就应该及时建立评价监督机制。在设计预算评价体系的时候就应该综合考虑社会效益以及经济效益。但是需要注意的是，预算评价指标并不是随意设定的，而是有其原则的，那就是把短期规划和长期规划进行有效的结合，把定性分析和定量分析进行有效的结合。

一般而言，高校预算评价体系的构成主要包括两个部分，一是关键指标评价体系，二是平衡计分卡评价体系，对于这两个部分，都应该使用量化的标准，并立足于绩效目标开展评价。

高校的预算评价体系也有几个关键指标，其主要指标包括以下四部分内容：（1）财务综合实力评价指标，该项指标主要是用来衡量高校的规模、办学条件以及高校经费的来源；（2）运行绩效评价指标，该项指标用来衡量的是高校的收支状况、各学科建设的情况以及经费中自筹部分所占的比例；（3）发展潜力评价指标，该项指标用来衡量的是各高校自有资金的用途以及现金净额增长的速率；（4）偿债能力评价指标，该项指标用来衡量的是各高校资产的流动情况以及负债比率等。

要想对高等院校的预算评价体系进行建构，既需要确立预算评价的关键指标体系，还需要制定和实际相符合的具有一定实践性的绩效考核工作程序和考核指标，还要针对绩效考核的结果进行合理的奖励和惩处。

（二）强化预算执行结果的分析

高等院校预算评价中的一项基本工作就是对预算执行的结果进行全面分析。此项工作主要是从执行出现偏差的原因、执行的效果出发进行考虑的，在此基础上，一些相应的改善措施得以提出，并且在执行的过程中，也会将结果报告编制出来。

1. 合理界定预算分析的内容

预算执行结果分析主要是指对预算收入以及预算支出的执行情况进行分析。根据收入来源，可以将高校的预算收入分成两大部分，一种是外部收入，指的是国家财政拨款以及来自社会捐赠的收入；另一种是自创收入，主要指的是高校的一些经营收入等，自创收入还涵盖学费收入、事业收入以及产学研收入等。

根据资金的流向，高等院校的预算支出主要包括教学业务的费用、教学管理的费用。所谓教学业务的费用指的是和教学科研具有直接关系的支出，既包括教师上课的薪酬、教学设备的费用，还包括资料的费用等。所谓教学管理费用指的是和教学科研具有间接关系的支出，比如说管理部门的接待费用、办公费用，还有办公室人员的支出等。

2. 合理选择分析方法

各高校在对数据进行分析的时候，就应该根据分析的目的，选择合适的分析方法，只有方法正确，才能对各事物进行正确的分析。随着各种计量工具以及统计工具的出现，高校在选择分析方法的时候有了更多选择的空间，并且随着财务分析理论的进一步发展，后续还会出现更多的适用方法。

3. 有效结合全面分析和重点分析

只有对学校经济活动大体的状况有所了解，才能对预算执行结果进行进一步的分析，从而掌握预算数值和实际数值有出入的原因，找到问题发生的根源，提出解决问题的措施，更好地促进下一年预算的执行。与此同时，还应该围绕重点问题展开全面分析，从而找到问题发生的根源，杜绝同类问题的重复发生。各高校也应该根据具体的情况对年度预算的经济活动进行重点分析，这样才能获得较为正确的分析结论。

（三）根据各个部门的不同情况实施预算评价

在高等院校整体预算评价体系之下，不同的预算项目和各个部门不同的经费导致了其要设定不同的预算评价标准，需分开进行预算评价，对经济活动的真实性、合法性、科学性等进行考核，还要把评价的结果和各个项目或者是负责人的业绩相挂钩，以此对其进行激励。从整体上来说，各个部门的预算评价指标可以从三个方面进行——投入指标、产出指标、结果指标。

投入指标主要包括资金、设施设备、场所等，主要是对预算项目所消耗的资源进行一定的衡量。成本测算的作用是非常明显的，我们需要对核算系统进行相应的完善。

所谓的产出指标指的是在预算期内所能完成的工作、所提供的服务或者是产品的数量，其涵盖的范围非常广泛。一般来说，产出指标的计算是比较容易的。

结果指标指的是对各项目以及服务的结果进行衡量，其衡量的指标也是各种各样的，不仅包含大学生四六级考试的通过率、课题所占的总比例、教学以及科研等目标，还涵盖后勤部门的绿化指标等，在整个预算评价体系中，结果评价是最重要的组成部分。

对于不同的部门应该采用不同的预算评价指标，这样就可以发展不同部门的业务，还能形成一定的激励。比方说，对于不同部门的预算评价，应该重点关注节支增效。每个高等院校的情况也是不一样的，需要根据各自的具体的情况对各个部门的预算评价进行安排。如果所有的高等院校使用一样的预算评价体系，通常来说，考核的目标是很难实现的，最终会妨碍了高等院校的发展。

(四) 根据评价的结果实施激励

预算评价一定要把激励机制作为一定的补充，不然的话，也就没有进行评价的意义了。但是，激励也只能把预算评价当作前提条件，才能够顺利地开展工作，还需要根据评价的结果对各个部门和每个人进行一定的物质奖励和精神奖励或者是处罚。激励制度明确以后，各个部门和教师才能在真正执行预算之前对业绩和激励之间的关系进行了解，把每个人、小的团体和学校的整体目标密切地结合起来，确保预算的顺利执行。假如激励机制不合理或者不完善的话，预算的评价就只是一种形式，评价的指标也就没什么作用了，预算管理也不能够发挥其本该有的功能。在对预算进行评价的时候，要遵循一定的原则，既要客观公正，还要和实际情况相符合，评价结果既要准确，又要科学，这样才能把教职员工的积极性充分地调动起来。

只有通过激励把责任和权利有效地结合起来，该奖励的就奖励，该处罚的就处罚，既有处罚，也有奖励，才能促进预算的公正和肃穆，实现学校的目标。同时，还要对高等院校的激励机制不断进行完善，将其和预算评价有效地结合起来，这样才可以更好地促进预算管理的实施。

第九章　预算绩效管理案例解读

越来越多的地区开始推行预算绩效管理体系，并将其运用到生产建设工程中。本章将围绕广州市的绩效管理、上海市规划和国土资源管理局的预算绩效管理、海关总署预算绩效管理展开研究分析，对预算绩效管理进行深入解读。

第一节　广州市的绩效管理

一、绩效目标

绩效目标是预算绩效管理的难点和核心。广州市经过十几年的实践，逐渐将管理关口前移，强化目标导向。

（一）对绩效目标进行申报

广州市试点的时间是 2008 年，到了 2009 年才开始全面推进，到了 2010 年，绩效目标才成为部门预算编制中的一部分，并且要求预算单位填写相应的目标申报表格；2013 年以后，对于预算编制中的各个项目，不论金额多少，都需要设定预期的业绩目标。整个的申报过程也发生了很大的变化，一开始是纸质申报，到后来是预算软件申报；一开始是可以上报也可以不上报，后来是只要符合一定的条件就要上报，再后来就是全面上报；一开始是简单填报，后来是尽可能量化，把绩效的内容看得非常重要。

（二）对绩效目标进行审核

从 2011 年开始，广州市开始针对各个预算部门上报的绩效目标进行考核，这是整个项目预算考核的一个非常重要的方面。在对年度预算进行编制的时候，绩效目标范围内 600 多个项目的财政支出的资金的目标审核占了一多半的比例。

（三）对预算绩效进行评审

从 2013 年开始，广州市加强推动项目预算支出绩效审核，针对重点和难点项目进行预算绩效评审。2014 年，市财政局聘请专家管理小组进行公开评审，使得评审的透明度增强，促进了绩效管理和预算编制的有力结合。

2016 年，进一步优化绩效预算的评审工作，并且组织专家第一次实施了等级评审，把评审目标定为"低""差"的项目退回到原来的部门，进行重新修改，然后再进行编审。

2018 年，进一步完善目标评审机制，采取财政审核、专家（机构）评审等方式，对 98 个预算项目以及人大专题审议 11 个部门的整体目标和重点项目开展了预算绩效评审工作，保障了绩效目标编审质量。

二、绩效监控

（一）采集绩效运行信息

从 2013 年开始，广州市就针对绩效监控问题下达了通知，要求各部门填写支出项目的绩效运行表，2014 年，就开始通过绩效管理系统采集各种绩效运行的信息。

（二）监控重点由财政支出进度转向绩效目标实现程度

从 2013 年到 2014 年，广州市的绩效监控有其自身的表现，不仅着手了解项目的进展状况，对财政支出的进度进行考量，而且还汇总并且分析项目的绩效运行情况，把关注的焦点放在那些进展比较慢的项目上。除此之外，还结合本年度的预算评审项目，对其进行跟踪。在 2015 年，广州市积极探索预算绩效监控的新方法和新途径，建立和完善了财政支出动态监控体系，开始以绩效目标为对象，对其实现程度进行有效监控。

（三）拓展绩效监控的广度和深度

从 2016 年开始，当年的预算金额如果达到了 500 万元，那么就需要对这样的财政支出项目的绩效进行监控。从 2017 年起，开始对全过程试点部门的重点项目开展第三方绩效监控，并尝试对试点部门实施部门整体监控。

（四）建立相应的规章制度

2017 年，市财政局制定印发《广州市本级预算绩效运行跟踪管理暂行办法》，建立部门自行跟踪、财政部门监控、第三方重点监控相结合的多层次预算绩效监控机制。

借助于监控，既可以对一些进度比较慢的项目或者和绩效目标相偏离的项目进行一定的预警，从而督促绩效目标按时完成，还可以对一些绩效目标不能按时完成的项目的单位进行监督，从而及时对预算进行调整，保障资金的合理流动和使用。

（五）构建"1+1+X"的部门整体监控体系

2018 年，广州市建立了把部门监控当作基础、紧盯重点项目的监控机制，对部门整体支出、1 个人大重点审议项目支出以及若干个关联任务支出项目（1+1+X）的绩效实施情况进行监督。不仅及时掌握绩效目标的完成情况以及项目的支出状况，还要按照财政部门的要求按月通报各项目支出执行的序时进度和计划进度，确保项目的顺利实施。

三、绩效评价

（一）自起步阶段就重视项目自评

从 2007 年开始，广州市积极推出了直属单位财政支出项目的自我评价工作，这一年一共有 52 个部门报送了 400 个预算安排高于 500 万的自我评价报告，大约牵涉资金 114 亿元。在自评过程中，组织了近千人的业务培训，聘请了 33 名各类专家及会计人员，评审项目绩效。

随着时间的推移，部门自评范围不断扩大，在自评过程中，财政部门积极走访相关项目单位，了解项目特点和管理情况，加强对部门和用款单位评价业务的指导和互动，为绩效自评工作的顺利开展打下坚实基础。

（二）事后评价工作专注于重点评价和第三方独立评价

从 2013 年起，广州市重点评价项目资金金额超过了自评复核项目金额。自 2016 年开始，自评复核由财政部门评审改为第三方机构评审，这样既可以提高绩效评价的权威性，还可以提升事后评价的整体效果。

（三）形成"全面自评、部分复核、重点评价"的绩效自评新机制

2017 年，各个预算部门对 2016 年所有的支持项目进行绩效自我评价，市财政部门对其中的 80 个项目进行自我复合评价。把关注的重点放在转移支付项目、民生项目、产业资金等一些重要的领域，与此同时，还在第三方的辅助下开展了重点项目的绩效评价，着力促进立体化、多层次的全面绩效评价管理新格局的形成。

（四）逐渐提高项目自评质量

从 2013 年起，部门自评质量逐渐提高，"低""差"项目基本没有，优良率基本达到 85% 左右。

（五）选取市民较为关注、具有代表性的支出项目实施重点评价

广州市历年选取的重点评价项目都是市民较为关注、较具代表性的支出项目以及人大审议的重点项目。2009—2018 年，有接近三分之一的重点评价项目都是民生项目。

（六）不断拓展绩效评价领域

2015 年，广州市对一些第一次与政府债务以及政府购买服务相关的领域进行了有针对性的评价，使得绩效管理不断向这些领域扩展。在这一年，还第一次实施了政策性的评价。2017 年，首次对一般转移支付项目实施绩效评价。

四、结果应用

（一）强化预算安排参考

2015 年，首次将预算绩效评审项目的评审结果导入预算系统，作为安排项目预算的重要依据，无充分理由不予调整。2016 年，在对 2017 年预算进行编制的时候，对于一些在 2016 年前支出进度偏低的项目进行了二次重新测算，为 2017 年预算编制提供参考。

（二）强化绩效评价整改落实

从 2013 年开始，要求部门报送整改落实情况。2015 年，为进一步加强整改落实，督促有关部门及时整改绩效评价所反映的问题，并将整改落实情况报市人大常委会进行审议。

（三）强化专题报告制度

从 2008 年开始，市财政局就将财政支出的绩效情况报市人大进行审议。这是全国第一个向同级人大报告政府绩效情况的专题报告，此后便形成报送制度。

五、部门整体绩效管理

（一）推进试点部门的绩效目标管理

2016 年，市财政局对《关于试行部门全过程预算绩效管理的通知》进行了印制和颁发，根据"试点、总结、完善、推广"的思路，制定了试点工作方案，选取市知识产权局、市残疾人联合会作为试点部门。以推进试点部门的绩效目标管理为起点，印制和颁发了《关于 2017 年度全过程预算绩效目标管理实施方案的通知》。

（二）推进绩效目标批复公开和绩效运行跟踪试点工作

首先，把绩效目标的批复和公开工作做好，两个试点部门对全部的预算项目的绩效目标和指标进行公开，不论哪一个项目，其指标都要至少达到三个。

第二，探索绩效运行跟踪，市财政局研究制定试点部门绩效运行跟踪工作方案，细化项目绩效运行跟踪内容，尝试第三方监控、部门整体监控等新举措，强化部门预算执行中的绩效管理。

第三，对全过程绩效管理的范围进行扩大，在对 2018 年部门预算进行编制的时候，要把教育局等 12 个部门都考虑在绩效管理的范围之中。

（三）构建部门整体全闭环绩效管理机制

只有对部门整体绩效管理的试点工作不断进行推进，才能对部门整体绩效进行监督和控制。按照"1+1+X"模式对上述 12 个部门开展 2018 年部门整体监控，强化监控结果的预警和预算调整功能，及时预警和调整监控中的漏洞、与目标的差距等。

第二节　上海市规划和国土资源管理局的预算绩效管理

一、上海市预算绩效管理概况

（一）预算绩效管理的缘起

2011 年 1 月 4 日，上海财政局发布了《上海市财政支出绩效评价管理暂行办法》（以下简称《办法》），此举标志着上海市财政支出预算绩效管理制度进一步完善。

进行财政支出绩效评价管理制度改革的目的是为了进行服务型政府的构建，服务型政府是具有自己的特点的，比如拥有核心竞争力、比较民主、有法可依、能实现合理分权等①。

（二）预算绩效的主管单位

上海市在财政局设置了专门机构——绩效评价管理处，负责管理绩效预算相关事宜。具体工作包括：制定绩效评价相关政策；编制绩效评价指标体系；组织开展对财政支出资金的绩效评价工作；构建第三方专家库，监督其绩效评价工作；构建绩效评价结果信息数据库；建立完善财政支出绩效评价结果的应用机制等。

（三）预算绩效评价操作流程

财政绩效评价制度是由各财政部门制定的，财政部门还负责组织各部门的绩效评价工作。受评部门拟订本部门评价工作的计划与实施办法，与财政部门合作完成评价工作，必要时受评部门须聘请第三方评级机构或专家完成评价工作。受评部门将评价结果在评价工作结束后一个月内上报财政部门。财政部门审查评价报告，并对项目评价结果进行再评价。

1. 准备阶段

绩效目标的准备阶段可以作为评价工作的起点，准备阶段的工作具体包括以下方面。

---

① 胡华．中国地方预算绩效管理研究［M］．太原：山西经济出版社，2018：120.

（1）预算可行性分析与绩效目标的设定。各部门论证其支出预算的合理性与可行性，各部门在编制部门预算中编制绩效目标，未经财政部门许可，预算执行过程中，各部门不得调整绩效目标。

（2）确定受评部门与项目。各部门提交绩效评价备选项目与单位，上报预算的同时报至财政部门。

（3）评价通知的下达。构建评价工作组，下达评价通知书，明确绩效评价的目的、内容等。

（4）撰写绩效报告。在预算执行完毕后、项目结束后或跨年度重大项目的一个阶段实施完毕后，受评部门应撰写绩效报告，分析绩效目标是否完成。

绩效内容包括：一是受评项目或单位的基本概况；二是绩效目标、设立依据和绩效目标的调整；三是总结预算年度内目标完成情况；四是评价受评项目单位的绩效结果；五是未完成预定目标的项目及财政支出的确定与原因分析；六是改进建议。

2. 实施阶段

实施阶段主要由评价工作组完成以下工作，包括：审核绩效报告、拟订工作方案、完成绩效评价等。

（1）评价工作组审核绩效报告与相关资料。

（2）评价工作组制定评价工作方案，并上报财政部门或主管部门审定。

（3）评价工作组评价受评项目或受评单位的绩效完成度，可以采用的评价方式有很多，主要有现场评价以及非现场评价等。

（4）完成绩效评价。基于以上的评价方法，相关的评价需要工作组对工作的完成情况进行总体性评价。

3. 完成绩效评价报告

完成绩效评价报告的工作由绩效评价工作组完成。

（1）基于上一阶段搜集的资料，评价工作组结合受评项目或单位的绩效报告，撰写绩效评价报告。绩效评价报告的内容包括：财政支出绩效评价指标体系与标准；受评单位完成绩效目标所采用的措施；绩效目标的实现程度；当前依然未能解决的问题等方面。

（2）提交报告。评价工作组在规定时限内，将绩效评价报告上报财政部门。

4. 再评价

财政部门需对绩效评价报告进行再评价。

（1）确定接受再评价的受评单位与项目；

（2）制定再评价的方法与标准；

（3）组织或委托第三方机构进行再评价；

（4）完成再评价报告；

（5）反馈并应用绩效评价结果。

二、上海市规划和国土资源管理局的预算分析

（一）部门职能

依据《关于印发上海市规划和国土资源管理局主要职责内设机构和人员编制规定的通知》，规划和国土资源管理局的职能如下。

1. 编制城市规划草案，执行土地、矿产、城乡规划的法律、法规。

2. 编制与经济、社会发展密切相关的规划以及年度计划，审核、审批区县编制的规划。

3. 编制本市土地利用、矿产资源保护与利用、地质灾害防治规划，编制实施地质勘查计划。

4. 规划管理文物古迹，指导管理测绘部门。

5. 发放建设用地规划许可证，审批验收建设项目。

6. 登记管理土地使用权，调节土地权属争议，构建土地相关数据库。

7. 对城乡土地进行管理，对农业用地的面积进行保障，对城镇建设用地的规模法人总量进行控制，管理土地划拨、征用、储备、整理等事宜。

8. 处理由土地、城规等引起的各种纠纷。

9. 管理土地使用权的流转情况，并对农村非农业用地的使用情况进行管理，对土地制度的改革措施进行制定。

10. 管理矿产资源的开发利用，负责地质勘探、灾害防治。

11. 管理国土资源资产，编制年度土地出让收支、土地储备资金收支的决算，编制市级土地出让收支预算。

12. 监管国土资源服务行业，监管土地价格。

13. 受理行政复议，应诉行政诉讼。

（二）基本预算单位

基本预算单位共 10 家，包括：1 家行政单位与 9 家下属事业单位。

1 家行政单位是上海市规划和国土资源管理局本部。

9 家下属事业单位分别是上海市规划和国土资源管理局执法总队、上海市测绘院、上海市城市建设档案馆、上海市房屋土地资源信息中心、上海市城市规划设计研究院、上海市地质调查研究院、上海城市规划展示馆、上海市地矿

工程勘察院、上海市规划和国土资源管理局干部学校。

（三）预算收入

预算收入主要涵盖了四类——财政拨款收入、事业收入、事业单位经营收入、其他收入。[①]

1. 财政拨款收入

财政拨款收入是指财政部门划拨给上海市规划和国土资源管理局的预算资金。财政拨款收入包括两部分：公共预算资金和政府性基金。两者区别在于：公共预算资金来自税收与非税收入，没有特定用途的要求；政府性基金是在一定时限内向某些组织或个人收取的资金，此资金要用于特定事业。

2. 事业收入

事业收入是指上海市规划和国土资源管理局的事业单位，通过开展各种活动所取得的收入，比如上海市规划和国土资源管理局干部学校的教学活动所取得的收入。

3. 经营收入

经营收入指的是各事业单位在专业活动以外所开展活动，经过非独立核算之后取得的收入，如事业单位中非独立核算的食堂对外提供餐饮服务获得的收入。

4. 其他收入

其他收入是指预算收入中扣除财政拨款收入、事业收入、事业单位经营收入之外的收入。

（四）预算支出

教育支出主要涵盖了——用于下属学校的培训教育业务费支出、办公用房物业管理、公用经费、人员经费等。

社会保障和就业支出主要涵盖了——城市居民最低生活保障支出、就业补助支出等。

医疗卫生支出主要涵盖了——公共卫生服务经费、公费医疗经费。

城乡社区事务支出主要涵盖了——城市规划等城乡社区规划与管理事务支出等。

国土海洋气象等支出主要涵盖了——地质矿产资源与土地开发等国土资源事务支出等。

[①] 胡华. 中国地方预算绩效管理研究 ［M］. 太原：山西经济出版社，2018：125.

住房保障支出主要涵盖了——在职人员住房公积金等各方面的支出。

第三节　海关总署预算绩效管理实践

海关预算绩效管理体系构建于 2008 年，全面推行在 2011 年，目前已成为海关财务管理的主要模式。[①] 海关预算绩效管理系统的建立标志着海关财务管理模式的重要变革，是实现科学化、精细化管理的有益探索，其取得的绩效成果更是对政府绩效管理的有力实证。

一、创新管理模式，适应时代发展

构建预算绩效管理体系、创新行政管理模式是中央政府近年来着力推行的一项体制性改革任务，党的十八大报告中再次明确强调"创新管理模式，推进绩效管理"，其意义之大显而易见，实行预算绩效管理也是大势所趋。

海关总署之所以积极推行预算绩效管理制度，构建预算绩效管理体系，除了改革的大势外，还因为现代海关事业的发展需要更为强力的财务保障；随着外部审计监督力度的持续加大，对海关预算管理提出了更加严格的要求：实行垂直管理体制的海关单位遍及全国、点多面广，实行绩效管理，可以降低财务管理风险；单位财务收支面临基本资金规模逐步压缩，供需矛盾将更加突出的局面；预算安排中"重分配、轻管理"等问题尚未得到解决，预算执行中进度慢、效率低、不规范、随意性大、浪费严重等现象依然是管理的难题。

然而，仅靠传统式的联审互查，专项性的检查、审计的财务管理模式已难以应对强力推进的改革形势和复杂的管理局面。另外，海关关税收入逐年大幅增长，连创历史新高。行政投入产出比为 0. 65：100（财政拨款数与关税收入数之比）[②]，海关总署可量化绩效显著。海关总署推行预算绩效管理制度更能突出海关执法职能的绩效水平。因此，创新当前的管理方式，积极对当前的管理现状进行及时评价，成为科学理财的客观要求。

---

① 刘旭涛. 基于最佳实践的中国政府绩效管理案例研究 [M]. 北京：国家行政学院出版社，2015：255.

② 刘旭涛. 基于最佳实践的中国政府绩效管理案例研究 [M]. 北京：国家行政学院出版社，2015：255.

二、科学设计制度，打造评价体系

科学的制度在于科学的设计，实用的制度在于符合实际。这是以往改革的经验总结。海关总署将这些经验作为构建预算绩效管理体系的设计基点。在海关总署预算绩效管理的设计中，在制度执行的实践中，海关总署就预算绩效管理制度的科学性和实用性不断进行总结、论证，建立了以制度规范、信息系统、操作原则为三大支柱的海关总署预算绩效管理评价体系。

（一）评价制度规范

很显然，制度规范是海关总署预算绩效管理体系中的重要组成部分。海关总署预算绩效管理制度的主要组成部分可用"一托二办法"来概括，即一个办法，两个细则。

其中的"办法"指的是《海关财务绩效评价办法（试行）》（以下简称《办法》），这是由海关总署制定的，主要阐述了绩效管理的主要思想以及所应遵循的一些原则等，属于制度体系中的大法。

一个细则指的是《海关财务管理绩效评价实施细则（试行）》（以下简称《管理细则》），主要用来明确评价的对象与指标，另一细则是《海关预算支出绩效评价实施细则（试行）》（以下简称《项目细则》），主要用来明确项目的评价对象、评价指标。这两项细则是制度体系中的分法。

海关总署预算绩效管理制度具有以下几个特征。

1. 评价内容前瞻和宽泛

《项目细则》的评价对象为国家核定海关专项、海关核定专项、海关经常性专项、其他专项。其评价范围既包括财政口径的支出项目，也包括海关其他资金支出项目；《办法》规定的评价对象包括财政支出和单位财务管理两部分。这与财政部预算绩效管理制度规定的评价内容相比更具前瞻性和宽泛性。

2. 评价指标周密和实用

《管理细则》和《项目细则》都详细规定了评价体系的构成部分，它们是由各级评价指标共同构成的。

《项目细则》坚持分类评价、量身定做的原则，即对不同的项目采取不同的评价指标，不同类别的项目则按分类评价标准和方法进行评价。如：海关缉私艇、H986集装箱检查设备等项目，均分别设立相应的分项指标和评价标准，这使评价更具针对性和可行性。

《项目细则》还增设了一些具有调控功能的特性指标。如在二级指标中增设的"风险控制"和"绩效附加"的特性指标，旨在强化单位在立项管理中的风险控制意识和激励单位在项目实施过程中创新理念；《项目细则》增设了"定性目标差异率"和"定量目标差异率"两个指标，以对定性和定量目标项目实施有效的比例控制，控制无效目标，增加定量指标项目的绝对值，以达到最大量化评价的程度。

另外，关于各项指标的分值权重，《项目细则》规定：项目管理为20分，财务管理为20分，绩效管理为60分。这种对指标分值权重设计理念旨在体现绩效的重要性和制度执行的可行性。总之，评价指标的周密设计，能够增强评价指标在复杂绩效评价环境中的弹性力，更具操作性。

3. 约束和激励并举

《办法》明确规定，对于绩效突出的单位按单位当年行政经费基数的一定比例予以奖励；对于存在问题的，则下令让它们在规定的时间内整改完毕，严重者扣减当年预算，以此增强制度的刚性。此外，对于优秀的绩效管理案例进行汇总选编，加以正面宣传，以此营造绩效管理文化氛围，强化全国海关绩效管理意识。这种约束和激励并举的措施增强了制度的刚性。

《项目细则》对评价程序、评价专家、档案管理、数据库建设、评价报告书等配套措施也有明确规定。"一托二办法"，内容的前瞻和宽泛，评价指标的周密和实用，约束与激励并举的制度刚性，还有较为完善的配套措施，保证了制度的科学性，增强了制度的实用性，为海关总署预算绩效管理体系的建立奠定了坚实的制度基础。

(二) 评价信息系统

评价信息系统是海关总署预算绩效管理体系的关键。评价信息系统是由海关总署自主研发的。系统内建四个信息子系统，配建五个数据库，外联十一个相关管理平台，并与五大银行数据处理器对接。这一系统通过内建外联的方式，集数据采集、信息预警、信息分析、成像评估、信息查询、结果反馈等功能于一体。

评价信息系统建设是由两部分构成的，一是制度，二是科技，通过这二者的融合将预算绩效管理制度信息化、机制化，使其在程式、规范、长效的环境下运行，成为现代海关总署财务管理的一个崭新模式。

评价信息系统的主要特征如下。

1. 结构严密

海关总署预算绩效管理系统是：以制度为依据，以资金监控平台为预警，以数据分析为依托，以实地评价为证实，以结果应用为导向，以实现财务管理的科学性化、精细化为目的的集多个管理模块于一体的管理系统，该系统环环相扣，结构严密。

2. 内建外联

（1）内建四个评价信息子系统

数据采集系统：主要用来完成数据的采集与查询。为绩效评价提供丰富的数据支持是其主要功能。

分析评估系统：主要包括项目分类选择模块、指标选择模块、数据输入模块、评价结果模块、图表成像模块、查询模块等。绩效分析评价是其主要功能。

信息反馈系统：包括评价报告模块、项目预警模块、查询模块。评价报告信息汇集、评价报告模板以及项目预警信息查询均通过此系统完成。

结果运用系统：包括结果运用率模块、结果运用金额模块、结果运用项目数量模块、督办反馈模块、查询模块等。通过此系统可以查询评价结果应用信息。

（2）内建五个数据库

建立会计数据库。会计数据库是预算绩效管理的主要工具。分为基本会计数据库和衍生数据库：基本会计数据库的数据源于单位的预决算等报表；衍生数据库的数据源于基本会计数据库，其数据是通过对基本会计数据库进行分析、筛选后产生的指标数据。会计数据库是对单位或项目进行绩效管理评价的重要工具。所以，数据采集的简便性，数据的准确性、完整性、可比性、共享性，还有数据反映方式的图示性是会计数据库是否科学、实用的基本要求。

建立评价标准库。标准是评价质量的标尺和水准，评价标准分为国家标准、行业标准、经验标准、综合标准等。标准库中的标准源一部分通过收集而来，如国家标准、行业标准、经验标准等；一部分要通过加工而来，如综合标准等。综合标准是在没有标准（参考）的前提下，采取加权平均的方法，并参考相关因素测算确定的，如海关集装箱检查设备、缉私艇等项目的评价标准是通过对全国海关同类项目的相关数据的综合分析，对各项目海关所处的地域性等相关因素的综合考虑，并按照可比性原则测算确定的。评价标准随着评价工作的扩展，其标准数量也将不断增加。

建立评价指标库。评价指标是绩效评价的重要工具。目前，海关总署评价指标库已有84个财务绩效管理指标和5个中央级项目专项指标，随着海关绩效评价工作的全面推行，评价指标也将不断增加和优化。

建立评价专家库。评价专家是评价工作质量的重要保证。评价专家的专业水准、职业道德等对评价工作质量有着至关重要的影响。评价专家配置是否全面、妥当也是评价工作需要反复考量的因素。因此，专家库中要具有多方面的专业人才，并以制度规定专家配置，优胜劣汰，以保证专家库的质量。在选用专家时，无论是领队或是专家，都要认真筛选，最佳配组，以形成高效的评价团队。海关总署绩效评价专家库分为两个：一是制度研究层面，这一层面的专家主要任务是负责制度设计、研究、决策以及领导评价工作；二是绩效评价专家层面，这一层面的专家主要实施评价，属于操作层面。

建立评价档案库。绩效评价档案是绩效管理的历史信息资料，是评价标准、评价指标的重要来源渠道。分类设档、个案叠加、注意保密、便于查询是档案库建立的基本要求。《办法》对绩效评价档案管理进行了明确规定。

（3）外联多平台

系统实现和海关财务通用软件系统等11个相关的管理平台连接，与五大代理银行数据处理器接口外联。通过外联功能，定期或实时地进行数据采集，从而为管理工作提供翔实的数据。

3. 评价前置

由于系统实现与资金监控平台及其他相关平台的连接，在实地评价前，系统可依据监控平台的实时预警反馈信息，按部就班地实施评价，使评价工作放在前面。我们把这样的评价方式叫作"案头评价"。"案头评价"把评价工作放在前面，并使评价工作在机制化、程式化的环境下运转，提高了工作效率，降低了运行成本，防范了管理风险。

如果说制度规范是海关总署财务绩效管理体系的基础，那么，信息系统就是将其以更高层次的形式加以体现。评价信息系统的建立，增强了评价制度的规范性和长效性，达到了资源共享，提高了工作效率，降低了评价成本。

（三）评价操作原则

评价操作原则是实施海关总署预算绩效管理体系的过程中需要具体把握的尺度和操作方法。制度设计与执行通常存在着差异，尤其是一项新的改革，又是在海关这样的垂直管理体制下运行，其差异更是在所难免。为此，我们在实际操作中，在保证基本原则（《办法》规定原则）不变的情况下，通过一些变通的操作原则，以缩小制度执行的偏差，减少制度执行的阻力。这种变通原则也是符合绩效管理理论基本原理的。

1. 扣一加二原则

扣一加二原则是指专家在评判绩效分值时，坚持以"问题扣一（一般性问题），绩效加二"[①]的评分理念评分，以达到鼓励、警示的效果，逐步实行

[①] 刘旭涛. 基于最佳实践的中国政府绩效管理案例研究 [M]. 北京：国家行政学院出版社，2015：261.

以结果为导向的管理模式，增加单位财务管理的正能量。

2. 等级公布原则

等级公布原则是指评价结果实行等级公布制，不实行名次公布制，以减小绩效评价压力和阻力。

3. 体量配比原则

体量配比原则是指在选择评价对象或评价绩效分值时，要充分权衡评价对象的业务体量、人员体量、资金体量、所处地域、特殊环境等可比因素，保证绩效评价结果的客观和公正。

海关总署预算绩效管理体系构建的三大支柱是辩证统一的关系，制度规范是依据，信息系统是关键，操作原则是调控，各具其能，相互关联，互为一体。这一体系的建立将预算绩效管理的制度效能提升到更强的状态。

三、强力推进改革，绩效助挺信心

不论是什么改革，都会面临一定的阻碍。部门预算改革、网上支付试点等，无一不是阻力重重。预算绩效评价是又一项管理体制性的改革，涉及面广、敏感性强，其阻力之大可想而知。但大势已定，不进则退。海关总署认真总结以往改革经验，循序渐进、强力推行、严谨操作、树立榜样、宣传造势、奖罚措施并举，领导全力支持，奋力推行改革。

（一）循序渐进

海关总署实行垂直管理体制，分五级预算管理，单位遍及全国，点多面广，南北差异较大。而改革事大，易出难收。因此，在构建制度初期，即明确"大胆设计，精心论证，谨慎出台，逐步推行"的设计原则。

按照这一设计原则，首先，在海关总署系统内自上而下地对制度进行反复论证，其间，又派员赴美就预算绩效评价专题进行学习交流，以充实制度。其次，通过对杭州、厦门海关评价完成制度测试后，逐步在全国海关推行。实践证明，循序渐进，稳步推行，符合海关实际，保证了制度的周密和可行。

（二）强力推行

2011年，海关"一托二办法"以署文形式下发全国海关；海关总署署长在青岛召开的全国财务关务保障会议上，明确要求全国海关推行预算绩效评价制度，督促部门自觉开展自评工作；随即，海关总署正式对长沙、合肥、南京、青岛四个海关的财务绩效管理进行重点评价；2012年又完成了对西安等六个海关的绩效评价，同时还完成了对口岸电子执法系统等五个重大项目的绩效评价。海关总署将计划于近年完成对全国海关的整体财务管理绩效评价，真正做到"横向到边，竖向到底"。

为了强化推行力度，保证评价质量，总署决定由财务司牵头，由监察局、督审司、关务保障司等多部门参与开展绩效评价。

（三）严谨操作

评价工作一般按以下程式进行。

1. 制定方案

主要对专家择优配置、时间合理安排、区域等量分类、评价内容侧重等进行认真考虑，并制定工作方案。

2. 案头评价

方案制定后，重点评价前，评价专家要充分利用评价数据库，根据评价重点，对相关评价指标进行认真比较分析，通过系统形成基本评价模型和初步评价意见。案头评价主要是为了把现场的评价时间缩短，进而把现场评价的成本和人力成本降低。

3. 现场评价

（1）开好两次见面会。第一次见面会是在评价小组进驻时召开，主要任务是讲明意义，考查自评，交接资料，对口联系。第二次见面会是在评价结束前召开，主要任务是评价反馈，提出要求。

（2）坚持每日例会，以便信息交流，及时纠偏。

（3）三级评判。即个人初判，分组合议，集中评判，以保证评价结果的客观公正。

（4）做好评价记录。

（5）送达报告。评价工作结束前，评价小组要将评价工作底稿、评价报告送达被评单位，以便落实问题，加强沟通。

4. 结果应用

主要是结果公开、整改督办、亮点展示、奖罚兑现等。

（四）加强宣传

及时转发绩效文件规定，实时编报评价进展情况。编写《海关财务绩效评价工作实务》，以加强对全国海关的评价指导工作；开展绩效专题论文征集工作，以加强绩效管理理论论证。逐级培训，强化绩效管理理念。宣传造势，营造海关绩效工作氛围。

（五）树立榜样

预算绩效管理是一项创新性工作，各单位又各具特点。绩效评价工作无章可循，大多情况下是在探索中推进。因此，需要发挥榜样性作用，以引导改革顺利进行。为此，海关总署财务司编写了《海关预算绩效管理案例选编》，介绍了青岛、上海、长沙等海关一些绩效管理优秀案例。

如青岛海关的网上支付项目开启了中央单位财政资金网上支付的先例，得到财政部的肯定。青岛海关日照文化长廊项目获得省部级多项奖励。上海海关公务卡和网上支付并网项目，完全改变了传统意义上的资金支付模式、柜台式服务，实行网上报账、网上支付，降低了行政成本和人力成本，同样受到财政部的肯定。

西安海关"全国海关加工贸易和保税物流监管"专项30万元，虽然项目不大，但绩效明显，一是为关区试点企业减少全年人工办理手册备案量65%，备案工作时间由一周缩短为当场办结，办理海关手续的成本降低了20%；二是为两家公司降低了大约4000美元的采购成本。

同样，太原海关23万元的"物流监控系统专项"用于两个仓库电子系统和海关电子数据系统的对接，使山西富士康、远东航空等多家企业利用航线和两仓开展直进直出业务，对山西对外开放发展起到积极作用。

还有长沙海关基建项目管理、满洲里海关"边关子女就学点建设"项目、成都海关"绵阳海关灾后恢复重建"项目、"成都海关灾后恢复重建"项目都有良好的绩效表现。

（六）奖罚并举

海关总署对于绩效突出的青岛以及长沙海关都增加了预算，作为对他们突出表现的奖励，对于一些表现表现突出的项目也给予了资金支持；而对于绩效管理不到位或有违规问题的单位则取消其评奖资格。奖罚分明，刚性彰显，这无疑是绩效管理质量的有力保证。

海关预算绩效管理工作从制度设计到制度推行都得到了领导的重视和支持。原署长于广洲在全国海关财务关务保障会上明确要求"全国海关要推行预算绩效管理制度"。海关总署成立了以财务司司长为组长，副司长为副组长、各处处长为成员的预算绩效管理评价领导小组，并赋予相关部门以绩效管理职能，负责全国海关的预算绩效管理工作。

2011年，总署批准预算绩效管理体系构建作为署级研究课题。随即，成立了由财务司领导的，由总署政策研究室、科技司、信息中心、部分海关业务专家以及财政部预算司、财政部科研所、天津财经大学的专家参与的课题研究组，对海关预算绩效管理体系构建进行深入的理论研究和可行性论证。全国大部分直属海关领导亲自兼任本关绩效评价小组组长，组织领导本关区预算绩效评价自评工作。领导的重视和支持保证了预算绩效管理工作的顺利开展。

另外，在评价工作中特别注意如下几点。

（1）"去审化"。即防止类同检查、审计形式评价，以免形成不必要的工作阻力。

（2）以案头评价为主，以实地评价为辅，降低评价成本。

（3）兼顾原则、灵活处置。既要顾及对被评单位的影响和压力，还应该遵循一定的原则。制度能够顺利推行，本身就是绩效。

（4）评价机制要增加信息元素，最大限度地实现资源共享和信息化管理，这是制度长效的保证。

（5）制度刚性要足。因为没有刚性的制度是无效的制度，也是没有生命力的制度。

措施有强力，绩效则明显。海关总署绩效管理工作取得了阶段性成果：一是被财政部评为预算绩效管理优秀单位；二是被财政部推举为预算绩效管理经验介绍单位；三是审计署对海关建立标准的考评规程认可，肯定了绩效考评工作的成效；四是中央小金库治理办公室将海关作为全国预防"小金库"长效机制建设经验介绍单位，并在《中国财政监督》刊登《发挥"制度+科技+环境"作用，努力构建"小金库"防治长效机制》予以宣传；五是被财政部推举参加了在成都召开的财政预算资金监控国际学术研讨会，并作为代表演讲；六是海关预算绩效管理体系被总署列入署级课题立项研究。

近年来，海关总署通过对一些重点项目进行评价和对十个直属海关单位进行重点评价，形成了十多份有价值的绩效评价报告和三百多份工作底稿，有效地防范了一些财务管理风险。在评价中，也发现了一些为国家财政做出了巨大贡献的绩效优秀的项目，其平均投入与产出率为 0.65：100。这些优秀绩效项目充分展现了海关良好的执法能力，维护了国家海关形象。

加强推动海关预算绩效管理评价工作进度，这样既可以使各个级别的海关绩效管理意识得到增强，还启发了署内各部门开展绩效管理工作的积极性，如办公厅的"综合绩效管理""四好绩效评价"，缉私局的"缉私绩效评价"等。目前，总署机关将近半数的部门实行了绩效管理，培养了一批绩效评价专业人员。以上绩效的取得，充分印证了预算绩效管理方向的正确、制度的科学、领导的重视，这些都极大地增强了海关预算绩效管理深入推进的信心。

参考文献

［1］财政部基层财政干部培训教材编审委员会. 全过程预算绩效管理基本知识问答［M］. 北京：经济科学出版社，2013.

［2］曹富兰. 高校绩效预算管理探索与实务［M］. 成都：电子科技大学出版社，2017.

［3］曹金华. 高职院校内部绩效预算管理系统的研究［M］. 长沙：中南大学出版社，2011.

［4］曹堂哲. 部门预算绩效管理［M］. 北京：中国财政经济出版社，2020.

［5］晁毓欣. 全面预算绩效管理下财政政策绩效评价研究与探索［M］. 北京：经济科学出版社，2018.

［6］陈德萍. 财政预算绩效管理——绩效评价实务［M］. 北京：经济科学出版社，2018.

［7］程瑜. 中国预算绩效管理制度创新研究［M］. 北京：中国财政经济出版社，2014.

［8］冬伯文. 全面预算+绩效评价+薪酬管理：开滦管理控制模式研究［M］. 北京：煤炭工业出版社，2005.

［9］范柏乃. 政府绩效管理［M］. 上海：复旦大学出版社，2012.

［10］范柏乃. 政府绩效评估与管理［M］. 上海：复旦大学出版社，2007.

［11］苟燕楠. 绩效预算模式与路径［M］. 北京：中国财政经济出版社，2011.

［12］何鹏程. 决胜未来领先绩效管理模式［M］. 广州：广东经济出版社，2015.

［13］胡华. 中国地方预算绩效管理研究［M］. 太原：山西经济出版社，2018.

［14］胡劲松. 绩效管理从入门到精通［M］. 北京：清华大学出版社，2015.

［15］孔志峰. 绩效预算论［M］. 北京：经济科学出版社，2007.

［16］李海南. 我国预算绩效管理问题研究［D］. 长春：东北财经大

学，2014.

[17] 李海南. 预算绩效管理是适应我国国情的现实选择 [J]. 财政研究，2014（03）.

[18] 李尽法. 绩效预算管理工具创新 [M]. 北京：中国财政经济出版社，2014.

[19] 李永刚. 全面实施财政预算绩效管理方略 [J]. 开放导报，2019（05）.

[20] 李志情，董玲. 高校预算绩效管理存在的问题及建议 [J]. 会计之友，2016（08）.

[21] 李志情. 基于绩效预算对高校预算管理体系的优化研究 [D]. 太原：太原理工大学，2016.

[22] 刘国永，王萌，张林. 预算绩效管理案例解读 [M]. 镇江：江苏大学出版社，2014.

[23] 刘昆. 绩效预算：国外经验与借鉴 [M]. 北京：中国财政经济出版社，2007.

[24] 刘尚希. 关于预算绩效管理的几点思考 [J]. 地方财政研究，2019（02）.

[25] 刘旭涛. 基于最佳实践的中国政府绩效管理案例研究 [M]. 北京：国家行政学院出版社，2015.

[26] 吕侠. 中国预算公开制度研究 [M]. 长沙：湖南师范大学出版社，2015.

[27] 马蔡琛，苗珊. 预算绩效管理的若干重要理念问题辨析 [J]. 财政监督，2019（19）.

[28] 马国贤. 政府绩效管理 [M]. 上海：复旦大学出版社，2005.

[29] 马海涛，曹堂哲，王红梅. 预算绩效管理理论与实践 [M]. 北京：中国财政经济出版社，2020.

[30] 马洪范. 绩效预算信息论信息视角下的政府绩效预算管理与改革 [M]. 北京：经济科学出版社，2008.

[31] 毛翠英. 财政预算绩效目标管理研究 [M]. 北京：中国财富出版社，2013.

[32] 闵剑. 面向世界一流大学绩效管理的高校预算绩效管理体系研究 [M]. 武汉：武汉理工大学出版社，2019.

[33] 倪志良. 政府预算管理 [M]. 天津：南开大学出版社，2010.

[34] 牛美丽. 地方政府绩效预算改革 [M]. 上海：上海人民出版社，2012.

[35] 潘飞. 管理会计应用与发展的典型案例研究预算管理与绩效评估案例

[M]．北京：中国财政经济出版社，2002．

[36] 山东省财政厅干部教育中心．当代中外财政预算绩效管理荟萃［M］．北京：经济科学出版社，2013．

[37] 申喜连．政府绩效评估研究［M］．北京：光明日报出版社，2013．

[38] 舒天戈，邱卫东．项目管理整体性综合性的管理新模式［M］．成都：四川大学出版社，2016．

[39] 孙克竞．政府部门预算支出绩效管理研究［M］．大连：东北财经大学出版社，2012．

[40] 汤坤．政府预算绩效管理改革研究［D］．合肥：安徽财经大学，2014．

[41] 王海涛．推进我国预算绩效管理的思考与研究［M］．北京：经济科学出版社，2014．

[42] 王加林．发达国家预算管理与我国预算管理改革的实践［M］．北京：中国财政经济出版社，2006．

[43] 王进杰．政府绩效预算管理改革研究［M］．北京：中国财政经济出版社，2009．

[44] 王敏，彭敏娇．大数据时代全面预算绩效管理面临的机遇和挑战分析［J］．经济纵横，2019（05）．

[45] 王泽彩，胡志勇．政府预算绩效管理与政府会计改革的协同性研究［J］．经济纵横，2019（11）．

[46] 王竹泉，祝兵，孙莹．预算与绩效管理［M］．北京：中国财政经济出版社，2017．

[47] 魏跃华．浙江省预算项目绩效目标管理典型案例汇编2012［M］．杭州：中国美术学院出版社，2012．

[48] 伍玥．我国绩效预算改革研究［D］．北京：中国财政科学研究院，2017．

[49] 现代国家治理中的全面实施预算绩效管理［M］．北京：中国发展出版社，2019．

[50] 徐曙娜．走向绩效导向型的地方人大预算监督制度研究［M］．上海：上海财经大学出版社，2010．

[51] 许正中．绩效预算与构建有序社会［M］．北京：中国财政经济出版社，2014．

[52] 许正中，赵新国．财政工程理论与绩效预算创新［M］．北京：中国财政经济出版社，2014．

[53] 薛晖．预算绩效管理改革与行政事业单位财务管理模式探讨［D］．北

京：首都经济贸易大学，2013.

[54] 严思恩，吕宏. 大数据时代下的全面预算与绩效考核 [M]. 上海：上海交通大学出版社，2016.

[55] 杨光焰. 政府预算管理 [M]. 上海：立信会计出版社，2011.

[56] 杨颖. 政府预算绩效管理：模式与路径 [D]. 武汉：华中师范大学，2015.

[57] 游祥斌. 公共部门绩效预算研究 [M]. 郑州：郑州大学出版社，2007.

[58] 于覃思. 深化我国政府预算绩效管理的研究 [D]. 北京：财政部财政科学研究所，2015.

[59] 于巍. A 高校项目预算绩效管理研究 [D]. 呼和浩特：内蒙古财经大学，2017.

[60] 袁月，孙光国. 基于国家治理视角的全面预算绩效管理研究 [J]. 财经问题研究，2019（04）.

[61] 张俊杰，俞有光，赵怀信. 预算绩效管理咨询服务规程 [M]. 北京：经济科学出版社，2020.

[62] 张俊杰. 预算绩效管理业务问答与实务示例 [M]. 北京：经济科学出版社，2019.

[63] 张孝德，张锐钢. 天津经济技术开发区 "规范化内控管理型" 绩效预算模式 [M]. 北京：中国财政经济出版社，2008.

[64] 张友棠. 财务预算与绩效管理制度设计 [M]. 北京：中国财政经济出版社，2008.

[65] 赵峰涛，许正中. 绩效预算与政府成本控制 [M]. 北京：中国财政经济出版社，2014.

[66] 赵早早，何达基. 绩效预算理论新发展与启示 [J]. 中国行政管理，2019（03）.

[67] 郑方辉，刘国歌. 预算绩效管理与财政绩效评价：以教育经费为例 [J]. 兰州大学学报（社会科学版），2019，47（05）.

[68] 郑建新，许正中. 国际绩效预算改革与实践 [M]. 北京：中国财政经济出版社，2014.

[69] 中共中央国务院. 中共中央国务院关于全面实施预算绩效管理的意见 [M]. 北京：人民出版社，2018.

[70] 中国财政科学研究院. 建立现代预算制度研究 [M]. 北京：中国财政经济出版社，2016.

[71] 王莉莉，中国政府预算绩效管理制度优化研究 [M]. 北京：中国财政经

济出版社，2020.

［72］中华人民共和国财政部预算司．中国预算绩效管理探索与实践［M］．北京：经济科学出版社，2013.

［73］钟玮．结果导向的预算绩效管理实践研究［M］．北京：中国财政经济出版社，2016.